Christin-Isabel Gries

Datenbanken als Informationsquelle für kleine und mitt.

Bibliografische Information der Deutschen Nationalbibliothek:

Bibliografische Information der Deutschen Nationalbibliothek: Die Deutsche
Bibliothek verzeichnet diese Publikation in der Deutschen Nationalbibliografie;
detaillierte bibliografische Daten sind im Internet über http://dnb.d-nb.de/ abrufbar.

Copyright © 1995 Diplomica Verlag GmbH
Druck und Bindung: Books on Demand GmbH, Norderstedt Germany
ISBN: 9783838639963

http://www.diplom.de/e-book/219632/datenbanken-als-informationsquelle-fuer-
kleine-und-mittlere-unternehmen

Christin-Isabel Gries

Datenbanken als Informationsquelle für kleine und mittlere Unternehmen

Diplom.de

Christin-Isabel Gries

Datenbanken als Informationsquelle für kleine und mittlere Unternehmen

Diplomarbeit
an der Universität Trier
Fachbereich Wirtschafts- und Sozialwissenschaften
Lehrstuhl für Prof. Dr. Axel Schmidt
Juni 1995 Abgabe

Diplom.de

Diplomica GmbH
Hermannstal 119 k
22119 Hamburg

Fon: 040 / 655 99 20
Fax: 040 / 655 99 222

agentur@diplom.de
www.diplom.de

ID 3996
Gries, Christin-Isabel: Datenbanken als Informationsquelle für kleine und mittlere Unternehmen
Hamburg: Diplomica GmbH, 2001
Zugl.: Trier, Universität, Diplomarbeit, 1995

Diplomica GmbH
http://www.diplom.de, Hamburg 2001
Printed in Germany

EIDESSTATTLICHE ERKLÄRUNG

Ich erkläre hiermit an Eides Statt, daß ich die vorgelegte Arbeit ohne unzulässige Hilfe Dritter und ohne Benutzung anderer als der angegebenen Hilfsmittel angefertigt habe. Die aus anderen Quellen direkt oder indirekt übernommenen Daten und Konzepte sind unter Angabe der Quelle gekennzeichnet.

E/002/97

INHALTSVERZEICHNIS

TABELLENVERZEICHNIS

Seite

ABBILDUNGSVERZEICHNIS

ABKÜRZUNGSVERZEICHNIS

ADP	Automatic Data Processing
BMFT	Bundesministerium für Forschung und Technologie
BMWI	Bundesministerium für Wirtschaft
BRS	Bibliographic Retrieval Systems
Btx	Bildschirmtext
CD-ROM	Compact Disk-Read only memory
CD-WORM	Compact Disk-Write once read many
DGD	Deutschen Gesellschaft für Dokumentation e.V.
DIMDI	Deutsches Institut für Medizinische Dokumentation und Information
DIN	Deutsche Industrie-Norm
ECHO	Euopean Commission Host Organisation
EDV	Elektronische Datenverarbeitung
F&E	Forschung und Entwicklung
FIZ	Fachinformationszentrum
GBI	Gesellschaft für betriebswirtschaftliche Information mbH
GID	Gesellschaft für IuD
IAI	Institut für angewandte Innovationsforschung
IMPACT	Informations Market Policy Actions
IuD	Information und Dokumentation
IW	Institut der deutschen Wirtschaft
Kit	Kernsoftware für intelligente Terminals
KMU	Kleine und mittlere Unternehmen
MB	Megabyte
MIKUM	Modellversuch zur Informationsbeschaffung aus Datenbanken für Klein- und Mittelbetriebe
PAD	Packet Assembler/Dissassembler
PC	Personal Computer
SDI	Selected Dissemination of Information
STN	Scientific and Technical Information Network

A. Einleitung

I. Problemstellung

Zunehmender Wettbewerb, verstärkte Internationalisierung und die Dynamik der Märkte führen dazu, daß unternehmerische Entscheidungen zunehmend von exakten und aktuellen Markt- und Technikdaten abhängen. Die erforderlichen Informationen sind unternehmensintern jedoch nicht mehr in ausreichendem Maße verfügbar, so daß der Bedarf an externer Information steigt. In diesem Zusammenhang gewinnt die Informationsbeschaffung strategische Bedeutung für den Unternehmenserfolg, da sie einen entscheidenden Beitrag zur Erlangung von Wettbewerbsvorteilen leisten kann. Das Unternehmen sieht sich jedoch einer stetig wachsenden Zahl von Veröffentlichungen gegenüber, aus der es die relevanten Informationen auswählen muß. Diese Aufgabe ist mit herkömmlichen Methoden nur schwierig zu bewältigen. Im Laufe der vergangenen 20 Jahre hat sich deshalb schwerpunktmäßig in den USA der Datenbankmarkt sehr dynamisch entwickelt. Es existiert mittlerweile ein vielfältiges Angebot an Datenbanken, deren Nutzung jedoch in der BRD noch eine relativ unbedeutende Rolle spielt und sowohl branchen- als auch größenspezifische Unterschiede aufweist. Während in Großunternehmen bereits seit einiger Zeit der systematische Einsatz von Datenbanken vorangetrieben wird, ist bei kleinen und mittleren Unternehmen (KMU) eine eher zögerliche Haltung zu beobachten. Das vorhandene Datenbankangebot ist für KMU kaum noch zu überblicken und scheint zur Deckung ihrer speziellen Informationsbedürfnisse ungeeignet. Darüber hinaus haben KMU bei der Einführung des neuen Mediums unternehmensinterne Barrieren zu beseitigen. Es stellt sich daher die Frage, welche Rolle Datenbanken als Informationsquelle für KMU spielen. Sind Recherchen in Datenbanken geeignet, den spezifischen Informationsbedarf mittelständischer Unternehmen zu decken? Welche Informationsquellen werden bisher genutzt? Welche Probleme ergeben sich beim Einstieg in die Datenbanknutzung und wie können sie überwunden werden?

2

## II.	Methodische Vorgehensweise

Im Mittelpunkt der vorliegenden Arbeit stehen KMU als potentielle Nachfrager von Datenbankinformationen. Die Betrachtungen beschränken sich auf den deutschen Online-Markt. Es sollen die Faktoren untersucht werden, die dazu beitragen, daß das Zusammenspiel von Angebot und Nachfrage nicht funktioniert. Zunächst werden die Marktteilnehmer auf der Angebotsseite, ihre Produkte und Dienstleistungen vorgestellt. Der Informationsbedarf der KMU, die bisher genutzten Informationsquellen und Möglichkeiten und Probleme der Datenbanknutzung bilden den Hauptteil der Arbeit. Um ein besseres Verständnis von den Marktentwicklungen zu erreichen, soll ansatzweise ein Vergleich mit dem US-Markt versucht werden. Danach soll kurz der CD-ROM-Markt untersucht werden, um auf das Verhältnis von Online-Datenbanken und CD-ROM einzugehen. Da der deutsche Datenbankmarkt in starkem Maße durch staatliche Subventionen geprägt ist, soll abschließend das staatliche Engagement im Bereich Fachinformation erläutert werden. In diesem Zusammenhang ist insbesondere der erst kürzlich abgeschlossene Modellversuch MIKUM[1] von Interesse, der die Steigerung der Datenbanknutzung in KMU zum Ziel hat. Darüber hinaus werden noch kurz die Aktivitäten der EU auf dem Datenbankmarkt vorgestellt.

Zusätzlich zu vorhandenen Marktstudien und Fachliteratur wurde Informationsmaterial der Datenbankanbieter und -produzenten ausgewertet. Teilweise mußte auf ältere Daten zurückgegriffen werden, da aktuelle Erhebungen nicht verfügbar waren. Darüber hinaus konnten in zahlreichen Gesprächen ergänzende Informationen gewonnen werden. Interviewpartner auf der Angebotsseite waren in erster Linie Mitarbeiter der Hosts. Darüber hinaus waren die Auskünfte von Herrn Dipl.-Ing. Hartmut Koch (Scientific Consulting Köln) hilfreich, der an der Erstellung einer umfassenden Marktstudie über den Online-Markt 1986-1990 beteiligt war. Da die Nachfrageseite durch die sehr heterogenen mittelständischen Anwender gekennzeichnet ist, wurden Gespräche mit Experten geführt, die über Erfahrungen mit KMU verfügen. Hier bot sich insbesondere die Auswertung der Erkenntnisse an, die Herr Dipl.-Ing. Thomas Einsporn vom Institut der Deutschen Wirtschaft in Köln während des Modellversuchs MIKUM mit über 2.000 KMU gewinnen konnte. Abschließend ergab sich auf der INFOBASE '95 vom 16.-18. Mai 1995 in Frankfurt mit zahlreichen Gesprächspartnern die Möglichkeit, Ergebnisse zu diskutieren.

---

[1] Modellversuch zur Informationsbeschaffung aus Datenbanken für Klein- und Mittelbetriebe

B. Grundlagen

I. Kleine und mittlere Unternehmen (KMU)

Die Volkswirtschaft der Bundesrepublik Deutschland ist vorwiegend durch mittelständische Wirtschaftseinheiten bestimmt. Im Jahre 1990 waren 99,6 % aller umsatzsteuerpflichtigen Unternehmen mittelständisch (d.h. rund 2 Mio.).[2] Sie tätigten 44,4 % aller Bruttoinvestitionen, erwirtschafteten 45,8 % aller steuerpflichtigen Umsätze und beschäftigten ca. 42 % der Arbeitnehmer. Da KMU große Bedeutung für die Erhaltung von Beschäftigung, Wachstum und internationaler Wettbewerbsfähigkeit beigemessen wird, finden sie in zunehmendem Maße Berücksichtigung bei staatlichen Förderprogrammen. Neuere Untersuchungen zeigen, daß zusätzliche Arbeitsplätze vorrangig in jungen mittelständischen Unternehmen entstehen.[3] Die Stärken mittelständischer Unternehmen ergeben sich aus ihrer Überschaubarkeit.[4] Als spezifischer Vorteil erweist sich, daß aufgrund kürzerer Entscheidungswege größere Flexibilität besteht und der Anpassungsprozeß im Strukturwandel schneller vollzogen werden kann. Darüber hinaus ermöglicht die unmittelbare Marktnähe die befriedigende Deckung eines lokalen oder regionalen Bedarfs. Aufgrund starker Verbrauchernähe können KMU ein sehr differenziertes Angebot bereitstellen und viele Marktlücken schließen, die von Großunternehmen nicht bedient werden können. Eine besondere Schwachstelle mittelständischer Unternehmen stellen Engpässe im Finanzbereich dar.[5] Darüber hinaus weisen sie Defizite bei der strategischen Planung und Unternehmensführung auf.[6] Größenbedingte Nachteile bestehen auch in ungünstigen Bedingungen bei der Informationsbeschaffung. Sie werden dadurch verschärft, daß mittelständische Führungskräfte dazu neigen, primär interne Probleme wahrzunehmen, so daß die mittelbare Außenwelt nicht ausreichend in unternehmerischen Entscheidungen berücksichtigt wird.[7]

Die aufgeführten Charakteristika kennzeichnen die besondere Situation der KMU, die sich deutlich von den Bedingungen für Großunternehmen unterscheidet. Der Mittelstand selbst ist jedoch durch Uneinheitlichkeit, Beweglichkeit und vieldimensionale, fließende Grenzen

---

[2] vgl. zu den folgenden Ausführungen **Bundesministerium für Wirtschaft (BMWI) (Hrsg.)**: Unternehmensgrößenstatistik, Bonn 1993, S. 14.
[3] vgl. **Bundesministerium für Forschung und Technologie (BMFT)**: Forschungs- und Technologiepolitisches Gesamtkonzept der Bundesregierung für kleine und mittlere Unternehmen 1989, 3. erweiterte Auflage, Bonn 1991.
[4] vgl. zu den folgenden Ausführungen **Hinderer, Michael**: Die mittelständische Unternehmung, München 1984, S. 87-88.
[5] vgl. **Hinderer, Michael**: a.a.O., S. 111 ff.
[6] vgl. **Hinderer, Michael**: a.a.O., S. 87 ff.
[7] vgl. **Hinderer, Michael**: a.a.O., S. 4.

geprägt. Im folgenden sollen Kriterien betrachtet werden, die eine Abgrenzung zwischen Großunternehmen und KMU ermöglichen. Eine exakte, allgemeingültige und wissenschaftlich anerkannte Definition existiert allerdings bisher nicht.

1. Quantitative Abgrenzung

Der quantitativen Perspektive zufolge ist eine bestimmte Größe ausschlaggebend für die Zugehörigkeit eines Unternehmens zum wirtschaftlichen Mittelstand.[8] Probleme treten bei dieser Abgrenzungsmethode allerdings im Zusammenhang mit der Wahl eines geeigneten Größenindikators auf. Als Indikatoren können bspw. Gewinn, Anlagevermögen, Bilanzsumme, Umsatz und Beschäftigtenzahl herangezogen werden. Aus Gründen der statistischen Verfügbarkeit sind die beiden letztgenannten Merkmale am gebräuchlichsten. Dabei ist zu beachten, daß es Unternehmen gibt, die keiner Kategorie eindeutig zugeordnet werden können, da bspw. die Mitarbeiterzahl eines Unternehmens mittelständisch ist, während sein Umsatz dem eines Großunternehmens entspricht. Quantitative Grenzwerte haben jedoch generell den Vorteil, daß sie operationel und statistisch verarbeitbar sind.[9] Sie bedürfen allerdings der Ergänzung um weitere Informationen und sind insbesondere im Hinblick auf verschiedene Gewerbearten anzupassen. Modifizierte Einteilungen gehen in der Regel davon aus, daß bei freien Berufen bereits ab 50 Beschäftigten ein Großunternehmen vorliegt, während der Schwellenwert für Produktionsunternehmen erst bei 300 Beschäftigten überschritten wird.[10]

2. Qualitative Abgrenzung

Unter qualitativen Gesichtspunkten ist die enge Verbindung von Unternehmen und Inhaber, die als „Eigentümerunternehmerschaft" umschrieben wird, entscheidend für die Klassifizierung als mittelständisches Unternehmen.[11] Diese äußert sich in der Einheit von Eigentum und Haftung sowie der Verantwortlichkeit des Unternehmers für die Leitung des Unternehmens.[12] Darüber hinaus ist weitgehende Konzernunabhängigkeit für die Einstufung als mittelständisches Unternehmen erforderlich. Die Einheit von Unternehmen und Unternehmer bedingt eine unmittelbare Einwirkung der Unternehmensleitung auf sämtliche strategisch bedeutsamen Vorgänge. Die Personalisierung des mittelständischen

---

[8] vgl. **BMWI**: a.a.O., S. 1 ff.
[9] vgl. **Hamer, Eberhard**: Mittelständische Unternehmen: Gründung, Führung, Chancen, Risiken, Landsberg/Lech 1990, S. 32.
[10] vgl. **Hamer, Eberhard**: a.a.O., S. 42.
[11] vgl. **Hinderer, Michael**: a.a.O., S. 9.
[12] vgl. **BMWI**: a.a.O., S. 2.

5

Unternehmens äußert sich außerdem in einer persönlichen Beziehung zwischen Mitarbeitern und Führung, die Auswirkungen auf die Unternehmensstruktur hat. Als weiteres Merkmal kann zudem die Nichtemissionsfähigkeit des mittelständischen Unternehmens angesehen werden, d.h. daß keine Beschaffung von Finanzmitteln am offenen Kapitalmarkt möglich ist.

Die genannten Charakteristika deuten bereits darauf hin, daß das Informationsmanagement mittelständischer Unternehmen unter völlig anderen Bedingungen als in Großunternehmen stattfindet. Sie bilden den Hintergrund, vor dem eine Informationsbedarfsanalyse und die Identifikation von Problembereichen der Datenbanknutzung erfolgen muß.

3. Definition

Weder nach quantitativen noch nach qualitativen Kriterien kann der Mittelstand eindeutig und überschneidungsfrei abgegrenzt werden. Es existiert demnach eine Vielzahl unterschiedlicher Definitionen, die im Rahmen empirischer Untersuchungen oder staatlicher Förderprogramme notwendig sind, um die Gruppe der KMU festzulegen. Häufig wird die Abgrenzung des Instituts für Mittelstandsforschung gewählt, die nach quantitativen Kriterien ein grobes Raster entwickelt, welches wirtschaftsbereichsbezogen modifiziert werden kann:

Tabelle 1:
Definition kleiner und mittlerer Unternehmen

Unternehmensgröße	Zahl der Beschäftigten	Umsatz DM /Jahr
klein	bis 9	bis unter 1 Mio.
mittel	10 bis 499	1 bis 100 Mio.
groß	500 und mehr	100 Mio. und mehr

Quelle: BMWI (Hrsg.): Unternehmensgrößenstatistik 1992/93, Bonn 1993, S.13.

Für die vorliegende Arbeit scheint eine exakte Zuordnung nicht praktikabel zu sein. Aussagen über das Informationsverhalten der KMU, die sich auf empirische Untersuchungen stützen, legen die Definition des jeweiligen Instituts oder Autors zugrunde. Ansonsten wird, insbesondere in Interviews mit Praktikern, von einem weit gefaßten Mittelstandsbegriff ausgegangen. Die Festlegung auf ein einziges Einteilungsmerkmal wäre unsachgemäß, da gerade im Hinblick auf das Informationsverhalten des Mittelstandes

6

dessen Heterogenität deutlich wird. Die Branchenzugehörigkeit, die Größe des jeweiligen Marktgebietes oder die durch das Unternehmensalter geprägte Erfahrung können in herausragender Weise den Umgang mit Informationen in KMU beeinflussen.

II. Information

1. Begriffsbestimmung

Der Begriff "Information", der in fast allen wissenschaftlichen Disziplinen Verwendung findet, entstand nicht erst im modernen Kommunikationszeitalter, sondern kann auf eine lange Geschichte zurückblicken.[13] Dementsprechend viele Definitionsmöglichkeiten lassen sich über alle Wissensgebiete verteilt feststellen. In der Informationswissenschaft wird Information durchgängig als zweckgebundenes, zielorientiertes und kommunizierbares Wissen verstanden.[14] Sie stellt denjenigen Ausschnitt aus der Gesamtheit des Wissens dar, der für Handlungen und ihre Vorbereitung benötigt wird.[15] Die Information selbst wird vielfach als Rohstoff bezeichnet, der eine intellektuelle und problemorientierte Weiterverarbeitung erfordert, um dem Unternehmen von Nutzen zu sein.[16] Oft wird in diesem Zusammenhang von Information als dem vierten Produktionsfaktor gesprochen, der sich jedoch durch einige Besonderheiten von den anderen Produktionsfaktoren abhebt.[17] Eine entscheidende Eigenschaft der Ressource Information ist ihre unbegrenzte Vermehrbarkeit und Unverbrauchbarkeit.[18] Darüber hinaus ist der faktische Gebrauchsnutzen einer Information nur schwer quantifizierbar. Gesetzmäßige Zusammenhänge zwischen Informationsaufwand und betrieblichen Leistungsindikatoren können nicht nachgewiesen werden.[19] Erst eine Einordnung in Zusammenhänge kann Aufschluß über die Qualität der Information geben, so daß die konkrete Verwendungsmöglichkeit den Nutzen einer Information bestimmt.[20] Hinzu kommt eine hohe Qualitätsunsicherheit, da Informationen als Erfahrungs- bzw. Vertrauensgüter einzustufen sind und nicht direkt vor dem Kauf beobachtet und beurteilt werden können.[21] Informationen sind außerdem nur dann wertvoll, wenn sie zur richtigen Zeit am richtigen

---

[13] vgl. **Hügel, Reinhold**: Der internationale Markt für Online-Datenbanken, Frankfurt am Main 1990, S. 3.
[14] vgl. **Hansen, Hans-Robert**: Wirtschaftsinformatik I, 4. Auflage, Stuttgart 1983, S. 10 und S. 63 ff.
[15] vgl. **von Spiegel, Josephin**: Information und Komponenten des Informationsbedarfs, Bonn 1991, S. 3.
[16] vgl. **Schmidt, Ralph**: Modelle der Informationsvermittlung: Analyse und Bewertung eines experimentellen Programms, Heidelberg 1992, S. 119.
[17] vgl. **Hügel, Reinhold**: a.a.O., S. 5.
[18] vgl. **Pieper, Antje**: Produktivkraft Information, Köln 1986, S. 10.
[19] vgl. **Görke, Winfried/Rininsland, Hermann/Syrbe, Max**: Information als Produktionsfaktor, Heidelberg 1992, S. 9.
[20] vgl. zu den folgenden Ausführungen **Hügel, Reinhold**: a.a.O., S. 5 ff.
[21] vgl. **Ernst, Matthias/Köberlein, Christian**: Bedarf und Unsicherheit, in: Cogito 1/94, S. 7.

Ort vorliegen. Sie sind deshalb als "Holschuld" und nicht als "Bringschuld" zu verstehen, da nur das Unternehmen selbst seinen Informationsbedarf präzisieren kann. Wenn sie hingegen als "Bringschuld" des Anbieters angesehen wird, besteht die Gefahr, daß der Informationsbedarf des Nachfragers nicht angemessen gedeckt werden kann.[22]

2. Das Informationsdilemma

Der gesamte Informationsbeschaffungsprozeß in einem Unternehmen ist auf der einen Seite durch ein Überangebot an Informationen, auf der anderen Seite durch den Mangel an nützlicher Information geprägt.[23] Aus einer unüberschaubaren Flut von Informationen müssen möglichst effizient die entscheidungsrelevanten Daten selektiert werden. Jährlich werden ca. 230.000 Bücher weltweit allein in den Sprachen deutsch, englisch und französisch publiziert, mind. 3.000.000 Aufsätze veröffentlicht und 800.000 Patente erteilt.[24] Die Zunahme des weltweiten Informationsbestandes wird allein für gedruckte Informationen bereits auf 4-7 % pro Jahr geschätzt.[25] Auf diese Weise verdoppelt sich ca. alle sieben Jahre die Menge der weltweit verfügbaren Publikationen.[26] Die Ursachen für diese Informationsflut sind in der fortlaufenden Differenzierung und Spezialisierung der Wissensgebiete sowie der verstärkten Kooperation zwischen einzelnen Fachgebieten und dem beschleunigten technischen Fortschritt zu sehen. Als Hilfsmittel zur Bewältigung der Informationsflut bietet sich die Nutzung von Datenbanken an, da sie zu aktueller, schneller und nach mehreren Suchkriterien selektierbarer Information verhelfen kann. Das externe Informationsangebot, die Unternehmensnachfrage und der effektive Bedarf haben jedoch insbesondere bei mittelständischen Unternehmen oft nur einen kleinen gemeinsamen Nenner.[27]

---

[22] vgl. **Pieper, Antje:** a.a.O., S. 34.

[23] vgl. **Claasen, Walter/Ehrmann, Dieter/Müller, Wolfgang/Venker, Karl:** Fachwissen Datenbanken: Die Information als Produktionsfaktor, Essen 1986, S. 179 und **Muchna, Claus:** Datenbankdienste und Online-Recherchen: Neue Formen der Informationsbeschaffung in Unternehmen, Essen 1986, S. 2 f.

[24] vgl. **vom Kolke, Ernst-Gerd:** Online-Datenbanken - Systematische Einführung in die Nutzung elektronischer Fach-information, München 1994, S. 1 f.

[25] vgl. **Wendt, Manfred P.:** Ein weiterer Schritt auf dem Weg zur Informationsgesellschaft, in: Chip Plus, Beilage in Chip, Nr. 7, Juli 1989, S. 11.

[26] vgl. **Schotters, Markus:** Informationsmanagement für mittelständische Unternehmungen, Bergisch Gladbach 1992, S. 11.

[27] vgl. **Pieper, Antje:** a.a.O., S. 13.

8

III.   Datenbanken

1.   Definition

Unter Datenbanken versteht man eine Zusammenstellung von Informationen zu bestimmten Themenkreisen, die elektronisch gespeichert werden.[28] Mittels der Retrievalsprache, einem speziellen Suchprogramm, erfolgt der gezielte Zugriff auf bestimmte Datenbankinhalte, indem nach beliebigen Suchbegriffen oder Verknüpfungen von mehreren Suchbegriffen die Datenbank nach den gewünschten Informationen zu einem Fachgebiet durchforscht wird.[29] Als Suchkriterien kommen bspw. Autor, Titel, Themengebiet, Erscheinungsjahr usw. in Frage. Aus den verschiedenen Einheiten der zugrundeliegenden Datenbasis wird dann in Sekundenschnelle nach benutzerorientierten Gesichtspunkten eine Liste von Dateien erstellt.

2.   Online-Datenbanken

Online-Datenbanken nutzen Terminals und Telekommunikationsnetze, um die Datenbankinhalte weltweit unabhängig vom Standort der Datenbank und zu jeder Uhrzeit anbieten zu können.[30] Sie sind ihrem Marktvolumen nach der wichtigste Teil der Mehrwertdienste, die aufbauend auf Telekommunikations-Basisdiensten unter Computereinsatz entstehen und dem Abnehmer zusätzliche Leistungsmerkmale (Mehrwerte) bieten.[31] Kennzeichnend für eine Online-Datenbank ist die direkte Verbindung zwischen Nutzer und Datenbankanbieter, die den unmittelbaren Zugriff auf die gewünschte Information ermöglicht.[32] Die Datenbanken zeichnen sich durch einen hohen Grad an Aktualität aus, da sie i.d.R. vierzehntägig bis monatlich aktualisiert werden. Datenbanken mit Presseagenturmeldungen, Nachrichten oder Börseninformationen werden sogar mehrmals täglich auf den neuesten Stand gebracht.[33]

---

[28]   vgl. **Stoetzer, Matthias-W.**: Neue Telekommunikationsdienste: Stand und Perspektiven ihres Einsatzes in der deutschen Wirtschaft, in: IFO Schnelldienst 7/94, S. 13.
[29]   vgl. **Hügel, Reinhold**: a.a.O., S. 19.
[30]   vgl. **Wuppertaler Kreis e.V.** (Hrsg.): Datenkommunikation im mittelständischen Betrieb, Köln 1990, S. 50.
[31]   vgl. **BMWI**: Informationstechnik in Deutschland, BMWI-Dokumentation Nr. 310, Bonn 1990, S. 41 und **EUTELIS CONSULT (Hrsg.)**: Der Markt für Mehrwertdienste in Frankreich und Deutschland, Ratingen 1992, S. 6.
[32]   vgl. **Hügel, Reinhold**: a.a.O., S. 20.
[33]   vgl. **vom Kolke, Ernst-Gerd**: a.a.O., S. 94.

3. CD-ROM

Als Vorläufer der CD-ROM (Compact Disc - Read only Memory) kann die zunächst im Musikbereich verwendete CD betrachtet werden, die aus der Anwendung der Lasertechnik im Bereich optischer Speicher hervorging.[34] Wie der Name schon sagt, ist die CD-ROM ein Datenträger, der einmal beschrieben und mehrmals gelesen, aber nicht verändert werden kann.[35] Es gibt jedoch mittlerweile das Speichermedium CD-WORM (write once read many), das der Benutzer selbst beschriften kann - allerdings nur einmal. Die CD-ROM zeichnet sich vor allem durch ihre extrem hohe Speicherkapazität, die 700 MB bzw. etwa 350.000 Textseiten in DIN A 4 beträgt, aus.[36] Der Benutzer benötigt zum Lesen der CD-ROM einen PC und ein CD-ROM-Laufwerk mit einer Schnittstelle zum Rechner sowie eine Retrievalsoftware. Der Informationsabruf erfolgt - im Gegensatz zu einer Online-Fernabfrage bei einem Host (Datenbankanbieter) - offline, d.h. daß die Endgeräte nicht direkt mit dem Hostrechner verbunden sind.

C. Der Markt für Online-Datenbanken

Informationen gab es schon immer, sie wurden jedoch unprofessionell und ungewerblich getauscht und stellten lediglich eine Zugabe, aber nie das Hauptgeschäft dar.[37] Die Entstehung des Online-Marktes als neuem Informationsmarkt ist darauf zurückzuführen, daß alte Bedürfnisse wegen veränderten gesellschaftlichen, technologischen und wirtschaftlichen Bedingungen nicht mehr vom Einzelnen allein erfüllt werden können, sondern Spezialisten herangezogen werden müssen. Einschneidende Veränderungen im ökonomischen Umfeld der Unternehmen, v.a. die Internationalisierung der Märkte und Verkürzung von Markt- und Innovationszyklen, führen zu einer verstärkten Nachfrage nach Informationen.[38] Enorme Leistungssteigerungen in der Art und Menge der zu verarbeitenden Informationen ergaben sich v.a. aus der fortschreitenden Mechanisierung und der Anwendung elektronischer, elektro-mechanischer und elektro-optischer Verfahren. Das Zusammenwachsen von Telekommunikation, Datenverarbeitung und Bürotechnik hat in Verbindung mit der Integration von Sprach-, Text- und audio-visueller Kommunikation zu

---

[34] vgl. hierzu **van Kempen, Martin**: Externe Informationsbeschaffung von Unternehmungen aus systemorientierter Sicht, St. Gallen 1991, S. 63.
[35] vgl. auch **Ulbricht, Hans W.**: Kleine Scheibe - große Zukunft, in: Cogito 1/90, S. 2.
[36] vgl. **Kommission der Europäischen Gemeinschaften**: Einführung in elektronische Informationsdienste, Brüssel 1993, S. 23 und **Menssen, Ralf**: Das CD-ROM-Buch, Heidelberg 1990, S. 2.
[37] vgl. zu den folgenden Ausführungen **Phillip, Robert/Matthies, Bernd**: Datenbankservices im Dialog: Die Entwicklung des Online-Marktes, Düsseldorf 1990, S. 13 ff.
[38] vgl. **vom Kolke, Ernst-Gerd**: a.a.O., S.1.

einer qualitativen und quantitativen Weiterentwicklung der Telekommunikationsdienstleistungen geführt.[39] In engem Zusammenhang mit den bereits genannten Verände-
rungsfaktoren steht die bereits erläuterte Zunahme des weltweiten Informationsbestandes.
Das alte Bedürfnis, einen möglichst vollständigen Informationsstand auf rationelle und
effiziente Weise zu erreichen, ist unter den veränderten Rahmenbedingungen ohne die
Zuhilfenahme von Online-Datenbanken kaum noch erfüllbar.

Über den Online-Markt existieren zahlreiche Studien, die jedoch vom Ansatz her unterschiedlich, schwer vergleichbar und oft methodisch fragwürdig sind.[40] Die Art und Weise,
auf die Umsatzschätzungen vorgenommen werden, wird in den wenigsten Untersuchungen
dargelegt. Das Volumen des Marktes ist nur schwierig abzuschätzen. Als Kriterien können
die Einschaltdauer, die Anzahl der Password-Inhaber und die Umsätze der Hosts herangezogen werden.[41] Aussagen über das Marktvolumen und die Marktentwicklung sind außerdem davon abhängig, ob die Angebotsseite („Quellumsätze") oder die Absatzseite (Umsätze
mit deutschen Anbietern und „Importeuren") des Marktes betrachtet wird.[42] Deshalb
können lediglich relativ zuverlässige Aussagen über Haupttrends und Entwicklungen abgeleitet werden. Die in den folgenden Kapiteln genannten Zahlen dienen der Veranschauli-
chung und Skizzierung, sollten jedoch nicht als exakte Angaben aufgefaßt werden.

Auf der INFOBASE '95 wurde offiziell bekanntgegeben, daß das Umsatzvolumen des
deutschen Marktes für elektronische Informationsdienste im Jahr 1994 um 14,8 % von
1,16 Mrd. DM auf 1,33 Mrd. DM zugenommen hat.[43] Der Online-Markt konnte mit einem
Umsatzzuwachs von 12,6 % auf über 1,07 Mrd. DM erstmals die Milliardengrenze durch-
brechen. Die Entwicklung der Umsätze mit Online-Datenbanken seit 1989 stellt sich laut
Untersuchungen von Bredemeier/Schwuchow wie folgt dar:

Tabelle 2:
Umsätze mit Online-Datenbanken in Mio. DM

1989	1990	1991	1992	1993	1994
673,7	724,8	810,7	879,1	956,1	1.076,7

Quelle: Bredemeier, Willi: Presseinformation zur INFOBASE anläßlich der Pressekonferenz am
12.05.1995, Frankfurt, S. 8.

---

[39] vgl. **BMWI**: Informationstechnik..., S. 41.
[40] vgl. **Becker, Jörg / Bickel, Susanne**: Datenbanken und Macht, Opladen 1992, S. 69 und S. 84.
[41] vgl. **Phillip, Robert/Matthies, Bernd**: a.a.O., S. 126 ff.
[42] vgl. **Scientific Consulting Dr. Schulte-Hillen BDU**: Der internationale Markt für elektronische Informations-
dienste/Datenbanken 1986-1990, Band I, Köln 1991, S. 19.
[43] vgl. **Bredemeier, Willi**: Presseinformation zur INFOBASE anläßlich der Pressekonferenz am 12.05.1995,
Frankfurt.

I. Das Angebot

Die Herausbildung des Marktes für Online-Datenbanken begann bereits in den frühen 60er Jahren in den USA mit der ersten Patent-Online-Datenbank von Derwent (1963).[44] Die erstmalige Bereitstellung kommerzieller Online-Datenbanken erfolgte 1972 durch die US-amerikanischen Unternehmen DIALOG und SDC.[45] Seitdem ist eine rasante Entwicklung zu beobachten, so daß sich heute schätzungsweise über 7.000 Datenbanken auf dem Welt-markt befinden, die von ca. 2.000 Datenbankproduzenten hergestellt und von ca. 1.600 Hosts angeboten werden. Die Steigerungsraten für den gesamten Online-Markt lagen zwischen 1986 und 1990 bei durchschnittlich 24 % pro Jahr, in einzelnen Marktsegmenten (bspw. Finanzinformationen) sogar deutlich höher.[46] Das Übergewicht US-amerikanischer Anbieter bleibt nach wie vor bestehen, obwohl ihre Marktanteile in den letzten Jahren zurückgingen. Der Markt ist durch einen hohen Konzentrationsgrad geprägt. Strategische Allianzen, Joint Ventures und andere Formen der Kooperation führen kapitalkräftige Partner aus den Informations-, Datenverarbeitungs- und Telekommunikationsmärkten zusammen.[47] Sowohl integrierende als auch diversifizierende Unternehmen bestimmen die Entwicklung des Marktes. Einerseits streben bspw. die Informationsanbieter mit der Über-nahme möglichst vieler Funktionen am Markt (Datenbankhersteller, -anbieter, Netzbetreiber) danach, komplette Informationsdienstleistungen aus einer Hand anzubieten.

Auf der anderen Seite drängen insbesondere Anbieter aus dem Mehrwertdienstebereich mit zusätzlichen Telekommunikationsdiensten und -anwendungen auf den Markt. In Zusammenhang mit der oligopolistischen Angebotsstruktur werden Fragen einer einseitigen Abhängigkeit und eines eingeschränkten Zugangs zu wichtigen Informationen durch über-höhte Marktmacht und Vorenthaltung bedeutsamer Daten diskutiert.[48] Dennoch weist der relativ junge Markt für Online-Datenbanken insgesamt noch wenig feste Strukturen auf. Er ist geprägt durch starke Dynamik und aufgrund des vielfältigen, sich ständig ändernden Angebots sehr unübersichtlich.[49] Viele junge Unternehmen stellen schon nach kurzer Zeit ihre Dienste ein oder werden von der kapitalkräftigeren Konkurrenz aufgekauft.

Der bundesdeutsche Online-Markt ist zudem in starkem Maße durch öffentliche Finanzie-rung geprägt. Vor allem die Datenbankproduzenten werden durch öffentliche Gelder

---

[44] vgl. Hügel, Reinhold: a.a.O., S. 30.
[45] vgl. zu den folgenden Ausführungen vom Kolke, Ernst-Gerd: a.a.O., S. 40.
[46] vgl. Scientific Consulting Dr. Schulte-Hillen BDU: Der internationale Markt..., S. 25.
[47] vgl. zu den folgenden Ausführungen Scientific Consulting Dr. Schulte-Hillen BDU: Betätigungsmöglichkeiten auf den Märkten für Telekommunikationsdienste in Deutschland, Köln 1992, S. 100.
[48] vgl. BMFT: Fachinformationsprogramm der Bundesregierung 1990-1994, Bonn 1990, S. 9, Schulte-Hillen, Jürgen/v. Wietersheim, Beatrix: IuD-online-Datenbanknutzung in der BRD, München 1984, S. 11-42 und Becker, Jörg / Bickel, Susanne: a.a.O., S. 73.
[49] vgl. Phillip, Robert/Matthies, Bernd: a.a.O., S. 10 und Hügel, Reinhold: a.a.O., S. 30.

finanziert, aber auch unter Datenbankanbietern gibt es öffentlich-rechtliche Körperschaften - DIMDI, Deutsches Patentamt und Statistisches Bundesamt - und weitere Hosts, die vom Staat unterstützt werden.[50]

1. Produktspektrum

Online-Datenbanken gibt es mittlerweile für fast jedes Sachgebiet. Sie reichen von allgemeinen Angeboten wie Wörterbüchern, Nachschlagewerken, Restaurantführer über Datenbanken für bestimmte Branchen bis zu spezialisierten Datenbanken für wissenschaftliche Diszipline wie Archäologie, Geowissenschaften, Kunst, Literatur, Medizin etc..[51] Da die Sachgebiete auf unterschiedliche Art und Weise abgegrenzt werden können, sind exakte Angaben über das Gewicht einzelner Sachgebiete nicht möglich.[52] Der Schwerpunkt des Angebots liegt jedoch eindeutig bei den Wirtschaftsinformationen, die etwa die Hälfte der gesamten Datenbankinhalte darstellen. Informationen, deren wirtschaftlicher Nutzen offensichtlich ist, spielen eine besonders wichtige Rolle. Dies gilt im Bereich der Wirtschaftsinformationen insbesondere für die Real-Time-Dienste. Sie liefern hochaktuelle Finanzdaten in Form von Devisen- und Aktienkursen, Waren- und Börseninformationen, die die sofortige Reaktion auf Börsen- oder Marktentwicklungen ermöglichen.[53] Für besonders eingegrenzte Spezialgebiete, die nur für relativ wenige Nachfrager interessant sind, ist das Angebot oftmals dürftig, da sich die Bereitstellung der Datenbank für den Anbieter nicht lohnt. Das Informationsangebot aus Datenbanken ist bisher überwiegend am amerikanischen Bedarf orientiert.[54] Folglich werden Informationsinhalten, formalen Parametern, Berechnungsweisen von Wirtschaftsdaten und Branchenkennziffern oder Warencodes amerikanische Konventionen zugrundegelegt. Daraus ergeben sich teilweise Schwierigkeiten für Nutzer aus anderen Wirtschaftsräumen. Vor allem von KMU wird der Umgang mit der englischen Sprache insbesondere beim Gebrauch von Fachbegriffen als problematisch empfunden.

---

[50] vgl. auch **Becker, Jörg/Bickel, Susanne**: a.a.O., S. 86.
[51] vgl. **BMWI**: Neue Wege der Informationsbeschaffung - über Möglichkeiten, mit Hilfe von Datenbanken Informationen zu finden, Bonn 1988, S. 44-47.
[52] vgl. **Hügel, Reinhold**: a.a.O., S. 36-37.
[53] vgl. **BMWI**: Neue Wege...., S. 19.
[54] vgl. **Wuppertaler Kreis e.V.**: a.a.O., S. 62.

2.   Datenbanktypen

In der Fachliteratur wird die Vielzahl angebotener Datenbanken in Datenbankarten einge-
teilt. Diese Einteilung kann auf unterschiedliche Weise vorgenommen werden. Im folgenden
soll die Gruppierung in Text- und Faktendatenbanken als Anhaltspunkt für eine weitere
Untergliederung dienen.[55]

Tabelle 3:

Datenbanktypen

TEXTDATENBANKEN Datenbanken mit Textinformationen	**FAKTENDATENBANKEN** Datenbanken mit numerischen Informationen
Referenzdatenbanken • Bibliographische Datenbanken • Projektdatenbanken • Patentdatenbanken • Firmendatenbanken **Volltextdatenbanken**	**Statistische Datenbanken** **Integrierte Datenbanken** **Börsendatenbanken** (Realtime-Datenbanken)

Quelle: Kind, Joachim: Online-Dienste, in: Buder, Marianne / Rehfeld, Werner / Seeger, Thomas:
Grundlagen der praktischen Information und Dokumentation, Band 2, 3. Auflage, München 1990, S.
371.

2.1   Textdatenbanken

In den Textdatenbanken werden Texte als Kurzversion oder Langtext in normaler Schrift-
form gespeichert, d.h. eine Codifizierung oder Verschlüsselung von Begriffen findet nicht
statt.[56] Referenzdatenbanken geben Hinweise auf andere Quellen und enthalten somit keine
Primärinformationen.[57] Ihre Hauptform sind die bibliographischen Datenbanken, die auf die
zusammengestellten Veröffentlichungen mittels Angaben zu Autor, Titel, Erscheinungsort
und -datum sowie inhaltskennzeichnender Deskriptoren verweisen. Häufig werden kurze
Inhaltsangaben (Abstracts) hinzugefügt, um dem Nutzer die Entscheidung über die Brauch-
barkeit der Quelle zu erleichtern. Als Vorteil bibliographischer Datenbanken ist der geringe
Speicherplatz und die i.d.R. gute inhaltliche Erschließung anzusehen, nachteilig wirken

---

[55] vgl. **Kind, Joachim**: Online-Dienste, in: Buder, Marianne / Rehfeld, Werner / Seeger, Thomas: Grundlagen der
praktischen Information und Dokumentation, Band 2, 3. Auflage, München 1990, S. 371.
[56] vgl. **Institut der deutschen Wirtschaft** (Hrsg.): Produktionsfaktor Information - Datenbanknutzung für Klein- und
Mittelbetriebe, Köln 1988, S. 11.
[57] vgl. zu den folgenden Ausführungen **Hügel, Reinhold**: a.a.O., S. 21.

14

sowohl der Zeitbedarf für die Literaturbeschaffung als auch die mäßige Aktualität, die sich aus dem Aufwand für die inhaltliche Erschließung ergibt und einen Zeitverzug von 1-4 Monaten zur Folge hat. Als weitere Referenzdatenbanken sind vor allem Projekt-, Patent- und Firmendatenbanken von Bedeutung. Projektdatenbanken informieren über Projektanfang und -ende, Auftraggeber, Kosten und Projektmitarbeiter. Patentdatenbanken geben Hinweise auf Schutzvorschriften, so daß der Nutzer feststellen kann, ob für ein von ihm geplantes Produkt oder Verfahren bereits ein Patent oder Gebrauchsmuster angemeldet wurde. In Firmendatenbanken werden in unterschiedlicher Ausführlichkeit bestimmte Firmen vorgestellt. Sie gehören zu den am meisten genutzten Datenbankarten. Die Angaben beschränken sich teilweise auf Anschrift, Telefonnummer, Beschäftigtenzahl und Umsatz, können aber darüber hinausgehende Informationen bspw. über Niederlassungen, Umsatzentwicklung und Vorstandsmitglieder enthalten. Volltextdatenbanken als zweite Kategorie der Textdatenbanken geben den ungekürzten Text der Originalveröffentlichung wieder.[58] Die im Text enthaltenen Informationen werden zusätzlich durch weitere Felder beschrieben. In Volltextdatenbanken sind meist Artikel aus Fachzeitschriften und Zeitungen sowie Nachrichten der großen Presseagenturen zu finden; teilweise werden jedoch auch Patente, Firmen und Produkte beschrieben. Die Texte zeichnen sich durch eine hohe Aktualität aus, die Suche nach relevanten Informationen gestaltet sich jedoch aufgrund der schlechteren Erschließung der Texte häufig schwierig.[59] Dennoch gewinnen sie immer mehr an Bedeutung, während die Referenzdatenbanken mit Sekundärinformationen unwichtiger werden.[60] In den USA stellen die Volltextdatenbanken bereits jetzt das größte Angebotssegment dar (1990: 33 %), da dort Anbieter stärker die Möglichkeit nutzen, Zeitschriften, Newsletters... ohne bedeutenden Zusatzaufwand als Online-Produkte zu vermarkten.[61]

2.2 Faktendatenbanken

In Faktendatenbanken kann direkt verwertbare Information abgerufen werden.[62] Sie enthalten ausschließlich Primärinformationen, die meist in Form von Zahlen und Tabellen vorliegen. Diese numerischen Informationen können sich auf unterschiedliche Fachgebiete beziehen. Eigenschaften von Werkstoffen und chemischen Verbindungen sind ebenso recherchierbar wie Produktdaten und Firmeninformationen.[63] Bei der Nutzung statistischer Daten-

---

[58] vgl. zu den folgenden Ausführungen Staud, Josef L.: Online Datenbanken - Aufbau, Struktur, Abfragen, Bonn 1991, S. 181f.
[59] vgl. Kind, Joachim: a.a.O., S. 378.
[60] vgl. Becker, Jörg / Bickel, Susanne: a.a.O., S. 71.
[61] vgl. Scientific Consulting Dr. Schulte-Hillen BDU: Der internationale Markt..., Band I, S. 6.
[62] vgl. zu den folgenden Ausführungen Hügel, Reinhold: a.a.O., S. 25.
[63] vgl. Wuppertaler Kreis e.V.: a.a.O., S. 55.

banken steht die benutzerspezifische Aufbereitung der verfügbaren Statistiken im Vorder-grund.[64] Hierzu können entweder vom Host angebotene Statistikprogramme oder - nach dem Downloading der Statistiken auf den Personal Computer (PC) - geeignete Anwender-programme herangezogen werden. Integrierte Datenbanken sind dadurch charakterisiert, daß Fakten und Tabellen durch Texte ergänzt werden.[65] So kann insbesondere im Bereich Wirtschaft eine vollständige Antwort auf die gestellte Frage im Hinblick auf qualitative Textinformation und quantitative statistische Information gegeben werden.[66] Die letzte Gruppe der Börsendatenbanken zeigt dem Benutzer laufend die aktuellen Börsenkurse an. Solche Realtime-Datenbanken stellen Informationen ohne Zeitverzug zur Verfügung und reichen meist nur sehr kurz in die Vergangenheit. Sie stellen ihrem Volumen nach einen bedeutsamen Teil des Datenbankangebots dar (vgl. C.I.1).

3. Datenbankproduzenten

Unter Datenbankproduzenten versteht man im weitesten Sinne Organisationen oder Unter-nehmen, die Datenmaterial sammeln und systematisch aufbereiten, um diese Datenbasis entweder Datenbankanbietern zur Verfügung zu stellen oder selber online anzubieten.[67] Als Datenbankproduzenten betätigten sich anfangs öffentliche Einrichtungen und Ämter, in deren Aufgabenbereich bereits das Sammeln von Informationen fiel.[68] Zu den ersten Daten-bankherstellern gehörten bspw. die NASA und die US-amerikanische Nationale Bibliothek der Medizin. Nach wie vor kommen die meisten Datenbankproduzenten aus dem öffentli-chen Bereich, obwohl sich mit der zunehmenden Verbreitung von Datenbanken der Anteil privater Unternehmen erhöht. In Deutschland spielten die im Rahmen staatlicher Förderpro-gramme eingerichteten Fachinformationszentren (FIZ) lange Zeit eine wichtige Rolle (FIZ Karlsruhe, FIZ Technik, FIZ Chemie u.a.).[69] Später wurden Datenbanken auch von Privat-unternehmen, die wie Hoppenstedt und Bertelsmann häufig aus dem Verlagsbereich stammten, hergestellt. Die Verlagsgruppe Bertelsmann International stieg in das Geschäft mit Datenbanken bereits 1984 ein, als sie eine Kooperation mit dem Wila-Verlag einging, der nahezu eine Monopolstellung im Bereich deutscher Patentinformationen innehatte.[70] Zum gleichen Zeitpunkt wurde die Bertelsmann-Datenbankdienste GmbH gegründet und

---

[64] vgl. **Kind, Joachim**: a.a.O., S. 380.
[65] vgl. **Staud, Josef L.**: a.a.O., S. 192.
[66] vgl. **Kind, Joachim**: a.a.O., S. 380.
[67] vgl. **Hügel, Reinhold**: a.a.O., S. 42-43.
[68] vgl. zu den folgenden Ausführungen **Hügel, Reinhold**: a.a.O., S. 43.
[69] vgl. zu den folgenden Ausführungen vom **Kolke, Ernst-Gerd**: a.a.O., S. 48.
[70] vgl. **Becker, Jörg/Bickel, Susanne**: a.a.O., S. 126-127.

zahlreiche Kooperationen (bspw. mit DataStar, ADP und BRS[71]) vereinbart, die den Erfolg der Wirtschafts- und Patentdatenbanken absichern sollten - dieses Ziel wurde jedoch nicht erreicht.[72] Mittlerweile hat sich das Unternehmen aus dem Bereich Wirtschaftsinformationen zurückgezogen und konzentriert sich auf Patentinformationen.[73] Die hergestellten Datenbanken werden über die Hosts STN (The Scientific and Technical Information Network) International und FIZ Technik angeboten. Darüber hinaus werden Print-Produkte, CD-ROMs und individuelle Dienste für den Patentbereich bereitgestellt. Der Verlag Hoppenstedt als der zweite große Datenbankproduzent in Deutschland ist bereits sehr früh in den Markt eingetreten und bietet vor allem Firmen- und Produktdatenbanken, an.[74] Dazu zählen vor allem die bereits als Printprodukte vorhandenen „Große und Mittel-ständische Unternehmen in Deutschland", „Verbände, Behörden, Organisationen der Wirt-schaft", „Seibt Industrie-Informationen" und „Seibt-Umwelttechnik".

3.1 Zahl und Umsätze der Datenbankproduzenten

Die Ermittlung der Zahl und Umsätze der Datenbankproduzenten gestaltet sich schwierig, da keine offiziellen Statistiken verfügbar sind und die vorhandenen Angaben auf - oft schwer nachvollziehbaren - Schätzungen beruhen.[75] Insbesondere neuere Daten sind kaum erhältlich. Fest steht, daß die Zahl der Datenbankproduzenten im Laufe der 80er Jahre sehr schnell zugenommen hat. Es wird davon ausgegangen, daß zu Beginn der 80er Jahre welt-weit ca. 200 Unternehmen Datenbanken hergestellt haben und gegen Ende des Jahrzehnts mindestens zehnmal so viele Datenbankproduzenten tätig waren. Viele von ihnen sind jedoch wenig erfolgreich und stellen ihre Aktivitäten nach kurzer Zeit wieder ein.[76] Der Anteil dieser Unternehmen ist in den USA jedoch höher als in Europa. Die Mehrzahl der Datenbankproduzenten produziert nur eine einzige Datenbank (1990: 70-75 %).[77] Darüber hinaus ist die Branche der Datenbankproduzenten durch einen starken Konzentrationsgrad geprägt.[78] Von den 32 deutschen Datenbankproduzenten machten Otremba/Schwuchow zufolge die 5 größten Anbieter 1989/90 ca. 64 % der Umsätze, die 9 größten bereits 87 %.

---

[71] ADP=Automatic Data Processing, BRS=Bibliographic Retrieval Systems

[72] eine ausführliche Darstellung der Kooperationsstrategien von Bertelsmann gibt **Becker, Jörg/Bickel, Susanne**: a.a.O., S. 128-131.

[73] die folgenden Ausführungen beziehen sich auf ein Gespräch mit Herrn Lipp (Verlagsgruppe Bertelsmann Inter-national) vom 04.04.1995 sowie die Broschüre **Verlagsgruppe Bertelsmann International**: Fachinformation, München 1993.

[74] die folgenden Informationen sind dem **Hoppenstedt-Geschäftsbericht 1992** und weiteren Broschüren sowie einem Gespräch mit Frau Dr. Frese (Verlag Hoppenstedt) am 03.04.1995 entnommen.

[75] vgl. zu den folgenden Ausführungen **Hügel, Reinhold**: a.a.O., S. 30.

[76] vgl. auch **Scientific Consulting Dr. Schulte-Hillen BDU**: Der internationale Markt..., Band I, S. 35-36.

[77] vgl. **Scientific Consulting Dr. Schulte-Hillen BDU**: Der internationale Markt..., Band I, S. 36 und Band II, Abb. 3.2.11.

[78] vgl. zu den folgenden Ausführungen Otremba, Gertrud / Schwuchow, Werner: Elektronische Informationsdienste - Der deutsche Markt im Kontext Europas, Konstanz 1993, S. 68 ff.

17

Insgesamt wurden mit den Online-Produkten der deutschen Datenbankproduzenten 1989 Umsätze in Höhe von 6.649.000,- DM erzielt, die 1990 auf 8.558.000,- DM gesteigert werden konnten. In Deutschland entfällt der Großteil der Umsätze auf die Verlage Hoppenstedt und Bertelsmann. Bei Bertelsmann nahmen die Umsätze des gesamten Bereichs Fachinformation in den Jahren 1988-1992 kontinuierlich zu. Sie werden größtenteils (seit einigen Jahren ca. 80 %) in Deutschland erwirtschaftet. Offen bleibt, welchen Anteil Datenbanken an dieser Entwicklung haben.

Tabelle 4:

Umsatzentwicklung des Bereichs Fachinformation bei BERTELSMANN in Mio. DM

Umsätze	1988/89	1989/90	1990/91	1991/92
Inland	301	332	424	480
Ausland	18	57	72	80

Quelle: Verlagsgruppe Bertelsmann International: Fachinformation, München 1993, Anhang.

Im Verlag Hoppenstedt, der ansonsten eher unbefriedigende Ergebnisse erzielt, befindet sich der Bereich der Wirtschaftsdatenbanken kontinuierlich auf Expansionskurs.

Tabelle 5:

Umsatzentwicklung der HOPPENSTEDT Wirtschaftsdatenbank in Mio. DM

1988	1989	1990	1991	1992	1993 (Prog.)
2,8	3,2	4,0	4,9	5,8	6,0

Quelle: Verlag Hoppenstedt&Co.: Geschäftsbericht 1992, Darmstadt 1993, S. 2.

Ein Vergleich dieser Zahlen mit den o.g. Schätzungen von Otremba/Schwuchow macht deutlich, daß der Hoppenstedt-Verlag mit seinen Datenbanken in den Jahren 1989 und 1990 fast die Hälfte der Umsätze aller deutschen Datenbankproduzenten erwirtschaftet hat.

3.2 Dienstleistungen der Datenbankproduzenten

Die Hauptaufgabe der Datenbankproduzenten besteht darin, Informationen in computer-lesbare Form zu bringen.[79] Sie setzt sich aus der Auswahl, Aufbereitung und elektronischen Speicherung der Informationen zusammen. Bei der Auswahl der in die Datenbasis aufzu-nehmenden Informationen ist die Vollständigkeit der Datensammlung von herausragender Bedeutung. Darüber hinaus sollte bei Referenzdatenbanken der problemlose Zugang zu den Originalquellen sichergestellt sein.[80] Die Aufbereitung der Informationen umfaßt die Zuwei-sung von Dokumenten zu bestimmten Datenbanken, die Klassifikation der Sachgebiete, die Abstract-Erstellung und Indexierung (Kennzeichnung des Quelleninhalts mittels Schlagwör-tern). Je systematischer und aufwendiger die Aufbereitung erfolgt, desto bessere Voraus-setzungen bestehen später für ein optimales Recherchieren, da Datenbanken dem Kunden nur nützlich sind, wenn die für ihn relevanten Informationen leicht aufgefunden werden können.[81] Insbesondere die Verfassung der Abstracts und die Indexierung bestimmen die Qualität des Informationretrievals, da die Titel der erfaßten Quellen häufig wenig aussage-kräftig sind. Die Datenbankproduzenten besitzen die „intellektuellen Eigentumsrechte für den Inhalt der Datenbanken" und können sie entweder selbst vertreiben oder durch die Vergabe von Lizenzen an die Datenbankanbieter auf den Markt bringen.[82] Meist erfolgt die Vermarktung über einen großen Host, da der für eine Eigenvermarktung notwendige Verwaltungs- und Organisationsapparat zu aufwendig wäre.[83] Prinzipiell könnte auch die Schulungsaufgabe von den Datenbankproduzenten übernommen werden, da sie ihre Daten-bank am besten kennen. Jedoch werden in Deutschland Schulungen nur von denjenigen Produzenten angeboten, die zugleich als Anbieter ihrer Datenbank auftreten - bspw. STN, FIZ Technik und GENIOS.[84] Mittlerweile existieren Lösungen für Hersteller und Betreiber von Datenbanken, die die Errichtung eines eigenen Online-Datenbankhosts ohne den Ein-satz zentraler Großrechner vorsehen. Die Infoware Gesellschaft für Informationstechnik mbH, Köln, bietet mit ihrem infoware Microhost ein System an, das aus verschiedenen vernetzten Hochleistungs-PCs besteht. Die Datenbanken liegen auf einem oder mehreren Datenbankservern auf und der Dialog wird über einen Kommunikationsrechner organi-siert.[85] Mittels des Softwarepakets ODARS P (Kosten: 6.950,-- DM) ist zugleich die

[79] vgl. zu den folgenden Ausführungen vom Kolke, Ernst-Gerd: a.a.O., S. 42.
[80] vgl. zu den folgenden Ausführungen Hügel, Reinhold: a.a.O., S. 45 ff.
[81] vgl. vom Kolke, Ernst-Gerd: a.a.O., 42-43.
[82] vgl. Otremba, Gertrud / Schwuchow, Werner: a.a.O., 17-18.
[83] vgl. Hügel, Reinhold: a.a.O., S. 48.
[84] vgl. Phillip, Robert/Matthies, Bernd: a.a.O., S. 124.
[85] vgl. zu den folgenden Ausführungen Langhoff, Martin/Koch, Hartmut: Jedermann sein eigener CD-ROM-Produzent, jedermann sein eigener Host, in: Password 7+8/94, S. 22-23.

Produktion von CD-ROMs möglich, so daß unterschiedliche Distributionsformen unter einheitlicher Nutzeroberfläche realisiert werden können. Die Kosten für den Betrieb von Datenbanken liegen bei dieser Lösung bei einem Bruchteil der bisher für einen Großrechner erforderlichen Anwendungen, so daß ein wertvoller Beitrag zu einer „Demokratisierung des Zugangs zu elektronischer Information" geleistet werden kann. Das System kostet ab 60.000,-- DM zuzüglich Hardware und Lizenzgebühren in Höhe von 16.000,-- DM pro Jahr. Erstaunlich ist jedoch, daß bisher von diesem neuen Konzept kaum Gebrauch gemacht wird.[86]

4.   Datenbankanbieter (Hosts)

Bei den Datenbankanbietern handelt es sich meist um größere Rechenzentren, die die für den Betrieb der Online-Datenbanken erforderliche Hard- und Software bereithalten. Sie stellen nur in seltenen Fällen die Datenbanken selber her, sondern erhalten von den Datenbankproduzenten die Lizenz für den Vertrieb der Datenbank und bereiten diese für das Online-Retrieval auf.[87] Oft wird eine bestimmte Datenbank von mehreren Hosts gleichzeitig angeboten (bspw. „Große und mittelständische Unternehmen in Deutschland" bei GENIOS, GBI, Knight-Ridder, Questel, F.T. Profile und Lexis-Nexis). Da die Hosts i.d.R. für die bei ihnen abrufbaren Datenbanken eine einheitliche Form (Feldfolge und Feldbezeichnungen) wählen, können so beim Aufbau der gleichen Datenbank zwischen den einzelnen Anbietern Abweichungen auftreten.[88] Große Datenbankanbieter führen meist über 100 Datenbanken im Angebot. Die wenigen „Supermarkt-Hosts" wie bspw. Knight-Ridder, die Datenbanken aus verschiedenen Fachgebieten anbieten, stehen einer Vielzahl von „Spezialhosts" gegenüber, die nur über Datenbanken aus einem bestimmten Fachbereich verfügen (z.B. DIMDI und JURIS).[89] Darüber hinaus lassen sich die Datenbankanbieter anhand ihrer Rechtsform in nicht gewinnorientiert arbeitende, öffentlich finanzierte Hosts und in privatwirtschaftlich organisierte Anbieter unterscheiden.[90]

---

[86]   nach Auskunft von Herrn Dipl.-Ing. Hartmut Koch, Scientific Consulting, Köln.
[87]   vgl. **Otremba, Gertrud / Schwuchow, Werner**: a.a.O., S. 18.
[88]   vgl. zu den folgenden Ausführungen vom **Kolke, Ernst-Gerd**: a.a.O., S. 47.
[89]   vgl. **Scientific Consulting Dr. Schulte-Hillen BDU**: Der internationale Markt..., Band I, S. 38 und **Phillip, Robert/Matthies, Bernd**: a.a.O., S. 128.
[90]   vgl. **Hügel, Reinhold**: a.a.O., S. 50.

Tabelle 6:

Übersicht über die wichtigsten Hosts auf dem deutschen Online-Markt

Host	Angebotsschwerpunkt	Besonderheiten
Deutsches Institut für Medizinische Dokumentation und Information (DIMDI)	ca. 110 Datenbanken, wissenschaftlich-technische Information, bes. Medizin, Pharmazie, Biologie, Agrarwissenschaften, Sozial- und Verhaltenswissenschaften	Datenbankproduzent und -anbieter
Fachinformationszentrum Technik	ca. 120 Datenbanken, wissenschaftlich-technische Information, bes. Technik und Ingenieurwesen; Normen, Umweltinformationen, Techn. Regeln, Einkaufsführer (bspw. ABC)	Datenbankproduzent und -anbieter
GENIOS	ca. 140 Datenbanken, Wirtschaftsinformationen; nationale und internationale Firmen-, Produkt- und Marktinformationen, Volltextdatenbanken mit Handelsblatt, Wirtschaftswoche und anderen Publikationen	Host der Verlagsgruppe Handelsblatt, deren Online-Versionen den größten Anteil am Umsatz haben
Gesellschaft für Betriebliche Information mbH (GBI)	ca. 125 Datenbanken, Wirtschaftsinformationen; nationale und internationale Firmen-, Produkt- und Marktinformationen sowie selbst produzierte Datenbanken	Datenbankproduzent und -anbieter, Osteuropa als besonders starker Wachstumsbereich, Volltextdatenbanken auch von regionalen Publikationen (in der Datenbank KOBRA)
Juris GmbH	Rechtsinformation	z.Z. einziger bedeutender Anbieter für Rechtsinformationen in Deutschland
Knight-Ridder Information GmbH	ca. 600 Datenbanken, „Supermarkt-Host", internationale Finanz- und Wirtschaftsinformationen, wissenschaftlich-technische Informationen	umfaßt seit dem 01.01.1994 die Unternehmen DataStar und DIALOG
STN International (The Scientific and Technical Information Network)	ca. 180 Datenbanken, wissenschaftlich-technische Informationen, national und international, Patentdatenbanken	internationale Kooperation zwischen dem FIZ Karlsruhe, Chemical Abstracts Service (USA) und dem Japan Information Center of Science and Technology, umsatzstärkster Anbieter für wissensch.-techn. Information in Europa

Quelle: Scientific Consulting Dr. Schulte-Hillen BDU: Der internationale Markt für elektronische Informationsdienste/Datenbanken 1986-1990, Band I, Köln 1991, S. 71-77; vom Kolke, Ernst-Gerd: Online-Datenbanken - Systematische Einführung in die Nutzung elektronischer Fachinformation, München 1994, S. 51-61; Auskünfte von Hosts, Informationsmaterial.

4.1 Zahl und Umsätze der Hosts

Für die Zahl der öffentlich zugänglichen Hosts liegen ebenso wie für die Datenbankproduzenten keine offiziellen Statistiken vor.[91] In der Fachliteratur werden häufig widersprüchliche Angaben gemacht, deren Zustandekommen oft unklar ist. Die Grundaussagen der
unterschiedlichen Studien stimmen jedoch im wesentlichen überein. Im folgenden wird in
erster Linie auf die Marktstudie von Scientific Consulting zurückgegriffen, die für den
Zeitraum 1986-1990 erstellt wurde und differenzierte Aussagen über die Entwicklung des
Datenbankmarktes in einzelnen Bereichen, regionalen Märkten und Nutzergruppen trifft.[92]
Ausgehend von ca. 60 Hosts Ende der 70er Jahre kann bis Ende der 80er Jahre mindestens
die zehnfache Zahl von Anbietern festgestellt werden. Von Anfang an stammten die umsatzstärksten Datenbankanbieter aus den USA; ihre Anteile am weltweiten Umsatz verschoben
sich allerdings in den letzten Jahren etwas zugunsten europäischer und japanischer Anbieter.[93] Die dominante Rolle der USA auf dem Online-Markt zeigt sich auch heute noch
daran, daß sich unter den 10 umsatzstärksten Anbietern 9 US-Unternehmen befinden. Hinzu
kommt ein hoher Konzentrationsgrad auf dem weltweiten Online-Markt: die beiden größten
Anbieter Reuters und Dun&Bradstreet hatten 1985 zusammen einen Marktanteil von
schätzungsweise 33 %. Kleine Anbieter bleiben häufig nur kurze Zeit auf dem Markt. Der
Marktanteil deutscher Hosts liegt bei ca. 5 % - mit steigender Tendenz.[94] Ihre Zahl stieg
ebenfalls kontinuierlich an: konnten 1985 nur 23 bundesdeutsche Hosts (davon 40 % durch
öffentliche Institutionen betrieben) gezählt werden, deren Zahl in den folgenden Jahren nur
leicht zunahm (1987: 30 Hosts, 1988: 35 Hosts), so gibt es mittlerweile 110 deutsche
Hosts[95], die Online-Datenbanken anbieten. Auf dem deutschen Online-Markt spielen sie eine
relativ große Rolle. 1994 hatten deutsche Anbieter einen Marktanteil von 47,0 % (1989:
42,8 %).[96] Der starke Konzentrationsgrad auf dem deutschen Online-Markt wird daran
deutlich, daß es nur wenige Anbieter gibt, deren Marktanteile (gemessen an Umsatz- und
Nutzeranteilen) über 5 % liegen.[97] Dazu gehören STN International, Knight-Ridder (Data-
Star und Dialog), DIMDI, FIZ Technik, Juris, GENIOS und GBI.[98] Es ist allerdings sehr
schwierig, die Umsätze dieser Hosts zu ermitteln, da sie aus Wettbewerbsgründen keine
Zahlen nennen wollen. In der Regel werden nicht einmal Auskünfte über Anschaltstunden

---

[91] vgl. **Hügel, Reinhold**: a.a.O., S. 50.
[92] vgl. **Scientific Consulting Dr. Schulte-Hillen BDU**: Der internationale Markt..., Band I und II (Abbildungen).
[93] vgl. zu den folgenden Ausführungen **Schwuchow, Werner**: Informationsökonomie, in: Buder, Marianne / Rehfeld,
      Werner / Seeger, Thomas: Grundlagen der praktischen Information und Dokumentation, Band 2, München 1990, S.
      30 ff und Otremba, Gertrud / **Schwuchow, Werner**: a.a.O., S. 30 ff.
[94] vgl. zu den folgenden Ausführungen **Hügel, Reinhold**: a.a.O., S. 52.
[95] nach Auskunft von Herrn Dipl.-Ing. Koch, Scientific Consulting Dr. Schulte-Hillen, Köln.
[96] vgl. **Bredemeier, Willi**: a.a.O.
[97] vgl. **Scientific Consulting Dr. Schulte-Hillen BDU**: Der internationale Markt..., Band I, S. 16.
[98] vgl. auch **Scientific Consulting Dr. Schulte-Hillen BDU**: Der internationale Markt..., Band II, Abb. 5.3.26.

und Zugangsberechtigungen gegeben, die einen Anhaltspunkt für die Einschätzung der Größenordnungen darstellen könnten. Es existieren jedoch zahlreiche Erhebungen zum Gesamtumsatz der deutschen Anbieter, die aufgrund der unterschiedlichen Schätzmethoden stark voneinander abweichen. Zur Verdeutlichung seien jedoch die Ergebnisse einer EG-Erhebung genannt, die in anderen Untersuchungen weitgehend bestätigt wurden. Demnach setzten deutsche Online-Anbieter 1992 852,6 Mio. DM um.[99] Es ist jedoch zu beachten, daß diese Zahl auch die Umsätze von deutschen Tochterunternehmen ausländischer Anbieter einschließt, deren Anteil am Gesamtumsatz fast die Hälfte beträgt.

4.2 Dienstleistungen der Hosts

Die Hauptaufgabe des Hosts besteht in der Distribution elektronischer Informationen.[100] Er gibt die vom Datenbankproduzenten hergestellten Datenbanken mittels der fernmeldetechnischen Infrastruktur an den Endverbraucher weiter. Hinzu kommen weitere Dienstleistungen, die allerdings auch von anderen Marktteilnehmern erbracht werden können und deren Zusammensetzung je nach Host unterschiedlich ausgeprägt ist.[101] Meist bieten die Hosts Schulungen in der von ihnen verwandten Retrievalsprache an, wobei die Einführungsseminare teilweise kostenfrei sind (z.B. „STN-Schnupperkurs", „Online-Schaufenster" von FIZ Technik). Die Gestaltung der Retrievalsprache kann für den Kunden ein wichtiges Entscheidungskriterium darstellen, da benutzerfreundliche und unkomplizierte Kommandos den Umgang mit Datenbanken erheblich erleichtern. Ebenso ausschlaggebend für die Wahl eines bestimmten Hosts ist die Updatingrate der Datenbanken, weil gerade den Online-Nutzern hohe Aktualität sehr wichtig ist. Bei akuten Problemen im Zusammenhang mit der Recherchetätigkeit können meist sog. Hotlines oder Helpdesks angewählt werden, über die ein kompetenter Berater den Anwendern Hilfestellung leistet. Diese Beratung kann durch Handbücher und Informationsbroschüren unterstützt werden, die den Kunden über den Inhalt und Aufbau der Datenbank, Suchmöglichkeiten sowie Änderungen des Datenbankangebots in Kenntnis setzen. Ein weiterer Service, der von den meisten Hosts angeboten wird, besteht in der Volltext- und Literaturbeschaffung (sog. Online-Ordering). Die schnelle Verfügbarkeit der Originalquellen trägt aus Kundensicht in hohem Maße zum Nutzen der Datenbankrecherche bei. Über die bereits genannten Dienstleistungen hinaus kann ein Host auch Aufgaben eines Informationsvermittlers übernehmen, d.h. es werden Recherchen im

---

[99] vgl. o.V.: Deutsche Anbieter an Milliarden-Grenze, in: Password 3/94, S. 8.
[100] vgl. zu den folgenden Ausführungen **Phillip, Robert/Matthies, Bernd**: a.a.O., S. 132.
[101] vgl. zu den folgenden Ausführungen **Hügel, Reinhold**: a.a.O., S. 52-59 und vom **Kolke, Ernst-Gerd**: a.a.O., S. 62-63.

Auftrag des Kunden durchgeführt, die sich auch auf Datenbanken fremder Anbieter erstrecken können. Für Nutzer, die eine kontinuierliche Information zu einem speziellen Thema wünschen, werden SDI (Selected Dissemination of Information)-Dienste angeboten. Die optimale Suchstrategie für das gewünschte Thema wird auf dem Hostrechner gespeichert und nach jedem Aktualisierungsvorgang durchgeführt, um stets die aktuellsten Informationen zu erhalten.

Bisher konnten die Rechercheergebnisse entweder online überspielt und auf dem eigenen Rechner abgespeichert oder beim Hostrechner offline ausgedruckt und per Postweg zugestellt werden. Die erste Lösung kann relativ teuer werden, weil v.a. bei niedrigen Übertragungsgeschwindigkeiten die Kosten für die Anschaltzeit schnell ins Gewicht fallen. Hingegen besteht beim preiswerteren Offline-Ausdruck der Nachteil, daß die Informationen manchmal stark verzögert den Endverbraucher erreichen. Mittlerweile bieten immer mehr Hosts auch Mailboxen an, um die Rechercheergebnisse schnell und zu vertretbaren Kosten dem Kunden zuzuleiten.

Ein Service-Angebot, das in Zukunft noch an Bedeutung gewinnen wird, ist die elektronische Verbindung zwischen Hosts über sog. Gateways, über die die Nachfrager das Datenbankangebot der jeweils angeschlossenen Hosts nutzen können. Es gibt verschiedene Typen von Gateways[102], deren gemeinsamer Vorteil aus Anbietersicht in dem Zugang zu einem erweiterten Datenbankangebot besteht, ohne daß jeder einzelne Host die erreichbaren Datenbanken selber auflegen muß. Für den Nutzer hat die stärkere Vernetzung der Hosts den Vorteil, daß weniger Verträge mit einzelnen Hosts notwendig sind und auf einer einheitlichen Benutzeroberfläche recherchiert werden kann.

5.   **Informationsvermittler**

Allgemein versteht man unter Informationsvermittlern Unternehmen oder Organisationen, die Auskünfte, Daten, Dokumente und komplexe Informationen an den Informationsnutzer weitergeben, die dieser nur durch größeren Eigenaufwand erhalten könnte.[103] Bereits diese Umschreibung weist auf die besondere Bedeutung der Informationsvermittler für KMU hin, da für die Beschaffung von Informationen zu komplizierten Fragen im Gegensatz zu Großunternehmen keine Spezialisten im Unternehmen selbst zur Verfügung stehen. Als typische Informationsvermittler sind seit jeher bspw. die Bibliotheken tätig. Auf dem Markt für Online-Datenbanken bedeutet Informationsvermittlung, im Auftrag externer Endnutzer

---

[102] vgl. hierzu **Hügel, Reinhold**: a.a.O., S. 56-59.
[103] vgl. **Hügel, Reinhold**: a.a.O., S. 98.

Online-Recherchen durchzuführen.[104] Informationsvermittler stehen als Zwischenglied zwischen den Informationsnachfragern, die selbst keine Datenbankrecherchen durchführen und den Datenbankanbietern. Sie treten somit gleichzeitig als Informationsnachfrager gegenüber den Hosts und als Informationsanbieter gegenüber dem Endnutzer auf.

5.1 Arten von Informationsvermittlern

In der Literatur werden unterschiedliche Abgrenzungen zwischen Informationsvermittlern und Informationsbrokern vorgenommen. Genaue Kriterien für den Beruf „Informationsvermittler" gibt es bisher nicht. Im folgenden wird davon ausgegangen, daß die Tätigkeit eines Informationsbrokers umfangreicher ist als die eines reinen Informationsvermittlers, der sich lediglich auf die Beschaffung von Informationen beschränkt. Der Informationsbroker bietet zusätzlich die Bearbeitung und Auswertung der Problemstellung an und ähnelt daher einem Unternehmensberater.[105] Diese Abgrenzung ist insbesondere für KMU wichtig, da es für sie einen Unterschied macht, ob lediglich der Rohstoff Information oder bereits ein anwendbares Informationsprodukt angeboten wird.

Darüber hinaus kann eine Unterscheidung der Informationsvermittler in öffentlich geförderte und private Unternehmen vorgenommen werden. Zu den öffentlichen, nicht kommerziell arbeitenden Einrichtungen zählen vor allem die Industrie- und Handelskammern, Landesgewerbeämter, Technologiezentren und Informationsvermittlungsstellen an Universitäten. Ihnen wird seitens privater Anbieter häufig zum Vorwurf gemacht, daß sie eine Dumping-Preispolitik betreiben, die zu einer Verzerrung der Marktstruktur und Nicht-Durchsetzbarkeit kostendeckender Preise beiträgt.[106] Die öffentlichen Informationsvermittler stellen dagegen heraus, daß sie eine „Aufklärungsfunktion" wahrnehmen und zur Stimulierung der Nachfrage beitragen können, indem potentielle Kunden von den Vorteilen ihrer Dienstleistung überzeugt werden. In diesem Zusammenhang spielt vor allem der Faktor „Vertrauen" eine wichtige Rolle, da dem Informationsvermittler Einblick in die betriebliche Situation gewährt werden muß, um eine effiziente Leistungserbringung sicherzustellen.[107] Darüber hinaus ist die Einschätzung der Kompetenz für die Auswahl eines Informationsvermittlers ausschlaggebend. Insbesondere den Handelskammern bringen die KMU großes Vertrauen entgegen, während private Informationsvermittler meist nur auf Empfehlung herangezogen werden. Kammern bieten zwar Orientierungsrecherchen an,

[104] vgl. zu den folgenden Ausführungen **Otremba, Gertrud / Schwuchow, Werner**: a.a.O., S. 18.
[105] vgl. **Hügel, Reinhold**: a.a.O., S. 101-102.
[106] vgl. zu den folgenden Ausführungen **Schmidt, Ralph**: a.a.O., S. 129-130.
[107] vgl. zu den folgenden Ausführungen **Pieper, Antje**: a.a.O., S. 41 und S. 84.

verweisen aber in der Regel bei arbeitsintensiven und fachlich speziellen Recherchen an kommerziell arbeitende Anbieter weiter.[108]

5.2 Zahl der Informationsvermittler

Es ist davon auszugehen, daß zur Zeit in Deutschland ca. 500 bis 600 Informations-vermittler tätig sind.[109] Diese Zahl umfaßt sowohl haupt- als auch nebenberuflich tätige Informationsvermittler, da diese nur schwer voneinander zu trennen sind. Nur 50 bis 70 von ihnen werden häufig in Anspruch genommen. Eine exakte Erfassung der Zahl der in Deutschland ansässigen Informationsvermittler ist schwierig, da genau zertifizierbare Kritierien des Berufsbildes noch in der Diskussion sind.[110]

5.3 Dienstleistungen der Informationsvermittler

Grundsätzliche Aufgabe des Informationsvermittlers ist die Bearbeitung einer Kundenan-frage durch das Auffinden der relevanten Informationsquellen. Darüber hinaus kann er als Informationsbroker ein breites Dienstleistungsspektrum anbieten, das die Produkte der Hosts durch Zusatzleistungen ergänzt und verbessert.[111] Teilweise sind dies Leistungen, die auch vom Datenbankanbieter erbracht werden können (bspw. Schulungen). Neben der reinen Datenbankrecherche und Weitergabe der aufgefundenen Informationen an den Kunden können die Rechercheergebnisse in unterschiedlichem Ausmaß ausgewertet und aufbereitet werden. Zum einen kann der Informationsbroker die Originalquellen beschaffen, die wesentlichen Aussagen aus den Informationsquellen herausfiltern, weiterführende Informationsangebote zusammenstellen und das Gesamtergebnis in eine kundenfreundliche Darstellungsform bringen.[112] Darüber hinaus könnte sich das Angebot auch auf die kritische Durchsicht und Interpretation der Quellen erstrecken, so daß der Informationsbroker bspw. die freiwilligen Einträge in Unternehmensführern mit Meldungen von Wirtschaftszeitungen vergleicht und widersprüchliche Angaben aufdeckt.[113]

---

[108] vgl. **Schmidt, Ralph**: a.a.O., S. 133.
[109] nach Auskunft von Herrn Dipl.-Ing. Thomas Einsporn, Institut der deutschen Wirtschaft und Frau Dr. Frese, Hoppenstedt Verlag.
[110] vgl. **Steding, Ines**: Nutzung von Datenbanken, in: Mittelstands-Magazin 5/95, S. 20.
[111] vgl. **Phillip, Robert/Matthies, Bernd**: a.a.O., S. 134.
[112] vgl. **Hügel, Reinhold**: a.a.O., S. 102.
[113] vgl. **Klems, Michael**: Informations-Broking, Bonn 1994, S. 11.

II. Die Nachfrage

Während zur Angebotsseite zahlreiche Untersuchungen vorliegen, die sich allerdings hinsichtlich des Zustandekommens ihrer Angaben nur selten äußern, sind detaillierte Analysen der Nachfrageseite weniger verbreitet.[114] Darüber hinaus ist die Ermittlung der Nutzerzahlen mit einigen Schwierigkeiten verbunden. Umsätze werden im allgemeinen als der sinnvollste Indikator eingeschätzt.[115] Umsatzzahlen werden von Anbietern jedoch aus Wettbewerbsgründen kaum genannt. Der Indikator „Zahl der Nutzer" wird zwar häufig herangezogen, ignoriert aber den Unterschied zwischen intensiven und gelegentlichen Nutzern. Nicht jeder Password-Inhaber kann als „echter" Online-Nachfrager bezeichnet werden, da zahlreiche Zugangsberechtigte Datenbanken nicht wirklich nutzen.[116] Dieser Umstand wird jedoch in vielen Studien nicht berücksichtigt. Eine Ausnahme bilden die Marktstudien der Scientific Consulting, in der lediglich aktive Nutzer, die regelmäßigen Datenbankumsatz verursachen, berücksichtigt werden. Abgesehen davon wird die Gruppe der Nachfrager dadurch unübersichtlich, daß bspw. Kunden einer Informationsvermittlung nur mittelbare Nutzer sind, aber dennoch ein Bedürfnis nach Online-Informationen haben. Sowohl weltweit als auch für die Bundesrepublik gibt es bisher keine Statistiken über die Zahl der Nachfrager. Oft beleuchten die vorhandenen Marktstudien nur eine bestimmte Gruppe von Nachfragern (bspw. innovationsaktive Unternehmen) und sind aufgrund unterschiedlicher methodischer Vorgehensweisen kaum vergleichbar. Sie können zwar Vermutungen über branchen- und größenbedingte Unterschiede stützen und stimmen in ihren Hauptschlußfolgerungen meist überein, sind jedoch mit Vorsicht zu betrachten.

1. Die Hauptnutzer von Datenbanken

1.1 Branchenbedingte Unterschiede

Die Nutzung von Datenbanken fällt je nach Branche sehr unterschiedlich aus. Daß der Finanzdienstleistungssektor hinsichtlich Anwenderzahl und Nutzungshäufigkeit eine eindeutige Vorreiterrolle einnimmt, konnte bspw. in einer empirischen Untersuchung des Wissenschaftlichen Instituts für Kommunikationsdienste bestätigt werden.[117] Im Bankenbereich

---

[114] vgl. **Stoetzer, Matthias-W.**: a.a.O., S. 10 und **Hügel, Reinhold**: a.a.O., S. 30.
[115] vgl. bspw. o.V.: Zur Hälfte Bedienung der Wirtschaft, zur anderen Hälfte öffentliche Infrastruktur - Staatliche Nutzung gewinnt Marktanteile, in: Password 10/94, S. 19.
[116] vgl. zu den folgenden Ausführungen **Hügel, Reinhold**: a.a.O., S.108 und **Becker, Jörg/Bickel, Susanne**: a.a.O., S. 86.
[117] vgl. zu den folgenden Ausführungen **Stoetzer, Matthias-W.**: Der Einsatz von Mehrwertdiensten in bundesdeutschen Unternehmen: Eine empirische Bestandsaufnahme, Bad Honnef 1993, S. 21.

nutzten 1992 gut 3/4 der Unternehmen Online-Datenbanken und fragten regelmäßig insbesondere Realtimeinformationsdienste und Wirtschaftsdatenbanken ab, obwohl sie erst seit 1986 in größerem Umfang Datenbanken einsetzen.[118] Auch in der Versicherungs-wirtschaft gehörten 33 % der Unternehmen zu den Datenbanknachfragern. Im Gegensatz dazu lag die Datenbanknutzung in der Industrie bei 9 % und im Handel nur bei 3,5 %.

Tabelle 7:

Nutzung von Online-Datenbanken im Jahr 1992

Branche	Anwender in % der Unternehmen			Nicht-Anwender in % der Unternehmen
	insgesamt	Nutzungsintensität		
		gering	hoch	
Investitionsgüter	8,9	7,6	1,3	91,1
Handel	3,5	1,8	1,7	96,5
Banken	75,1	35,8	39,3	24,9
Versicherungen	32,9	15,9	17,0	67,1

Quelle: Stoetzer, Matthias-W.: Der Einsatz von Mehrwertdiensten in bundesdeutschen Unternehmen: Eine empirische Bestandsaufnahme, Bad Honnef 1993, S. 21.

Auch in Zukunft zeichnen sich für die gegenwärtig festgestellten Nutzerstrukturen keine wesentlichen Veränderungen ab.[119]

Das produzierende Gewerbe stellt die größte Kundengruppe auf dem deutschen Daten-bankmarkt dar.[120] Über die Hälfte der Online-Umsätze in der Industrie werden durch Chemie-Unternehmen verursacht. Die hohe Akzeptanz des neuen Mediums ist aus der Not heraus geboren, da die Menge der neuen Erkenntnisse (1994 wurden bspw. 777.212 neue Substanzen registriert) kaum mehr auf andere Art und Weise zu bewältigen ist.[121] Die zweitgrößte Nutzergruppe in der Industrie sind Elektrotechnik- und Elektronik-Unterneh-men.[122] Mit weitem Abstand folgen der Maschinen- und Anlagenbau sowie Metallerzeugung und -verarbeitung. Beim sonstigen produzierenden Gewerbe werden bisher kaum Umsätze

---

[118] vgl. hierzu auch **Scientific Consulting Dr. Schulte-Hillen BDU**: Der internationale Markt..., Band I, S. 13.

[119] vgl. auch **Stoetzer, Matthias-W. / Volkgenannt, Maja**: Elektronische Informationsdienste in Unternehmen: Das Beispiel der Online-Datenbanken, in: Nachrichten für Dokumentation 45/1994, S. 156.

[120] 1990: 1/3 der Kunden und über 40 % der Umsätze, vgl. **Scientific Consulting Dr. Schulte-Hillen BDU**: Der inter-nationale Markt..., Band I, S. 12.

[121] vgl. **Münch, Vera**: Patentinformationen, Technik- oder Finanzdaten schnell recherchiert, in: Handelsblatt Nr. 95 vom 17.05.1995, S. B 1.

[122] 1990: 21 % Umsatzanteil, vgl. **Scientific Consulting Dr. Schulte-Hillen BDU**: Der internationale Markt..., Band I, S. 12.

mit Datenbanken erzielt, obwohl für einige Branchen bereits interessante Datenbankange-
bote vorhanden sind. Branchenübergreifend ist festzustellen, daß die Datenbanknutzung in
Unternehmen, deren Erfolg nicht von F&E-Anstrengungen abhängt, deutlich unter dem
Durchschnitt liegt.[123]

1.2 Größenbedingte Unterschiede

Großunternehmen, die schon seit langer Zeit eigene Bibliotheken oder ganze Abteilungen
zur Beschaffung von Informationen unterhalten, haben die Möglichkeiten der Online-Datenbanknutzung frühzeitig aufgegriffen und ihren Einsatz systematisch vorangetrieben. Weder
in den USA noch in Europa konnte jedoch bisher die Nachfrage der KMU gesteigert werden.[124] In mittelständischen Unternehmen herrscht weitgehende Unkenntnis über das
bestehende Datenbankangebot und mögliche Vorteile der Datenbanknutzung (vgl. auch
C.II.5). Die nachstehende Tabelle verdeutlicht, daß über einen Zeitraum von vier Jahren die
Datenbanknutzung in Deutschland bei einem Großteil der KMU stagnierte. Insbesondere im
Hinblick auf eine regelmäßige Nutzung können bei dieser Zielgruppe Defizite festgestellt
werden. Die Gruppe der Großunternehmen zählt im untersuchten Zeitintervall trotz eines
geringfügigen Bedeutungsverlusts mehr als 40 % Datenbanknutzer, die zu über 70 % am
gesamten Datenbankumsatz beteiligt sind.

Tabelle 8:

Verteilung der Datenbanknutzung in der deutschen Wirtschaft

Unternehmen mit Jahresumsatz	Kunden 1986	Kunden 1990	Datenbankumsatz 1986	Datenbankumsatz 1990
1-10 Mio.DM	28 %	33 %	6 %	9 %
11-50 Mio. DM	6 %	6 %	4 %	5 %
51-100 Mio. DM	5 %	5 %	4 %	4 %
101-500 Mio. DM	12 %	13 %	10 %	11 %
über 500 Mio. DM	49 %	43 %	76 %	71 %
gesamt	100 %	100 %	100 %	100 %

Quelle: Scientific Consulting Dr. Schulte-Hillen BDU: Betätigungsmöglichkeiten auf den Märkten für
Telekommunikationsdienste in Deutschland, Köln 1992, S. 103.

---

[123] vgl. hierzu auch **Hannig, Uwe:** Wettbewerbsvorteile, in: Cogito 5/91, S. 36.
[124] vgl. zu den folgenden Ausführungen **Scientific Consulting Dr. Schulte-Hillen BDU:** Betätigungsmöglichkeiten...,
S. 103.

Auch im Hinblick auf die bereits unter C.II.1.1 aufgezeigten branchenbezogenen Unterschiede wird deutlich, daß die Nutzung von Mehrwertdiensten mit der Unternehmensgröße ansteigt. Insbesondere in den durch geringe Datenbankanwendung gekennzeichneten Branchen Investitionsgüterindustrie und Handel sind starke Unterschiede zwischen großen und kleinen Unternehmen festzustellen.[125] Die im folgenden abgebildete Tabelle ist ein Ergebnis der bereits oben zitierten Umfrage des Wissenschaftlichen Instituts für Kommunikationsdienste. Insbesondere die ermittelten Daten für die Investitionsgüterbranche machen den Unterschied zwischen KMU und Großunternehmen deutlich. Die positive Korrelation von Größe und Nutzerzahlen ist eindeutig, jedoch muß beachtet werden, daß es sich bei den ermittelten Daten um den Einsatz sämtlicher Mehrwertdienste (Online-Datenbanken, E-Mail, Electronic Banking, Videokonferenzen...) handelt und Online-Datenbanken im Vergleich mit anderen Mehrwertdiensten einen höheren Verbreitungsgrad aufweisen.

Tabelle 9:
Größenstruktur und Nutzung von Mehrwertdiensten

Branche	Anwender in % der Unternehmen		
	Unternehmensgröße		
	klein	mittel	groß
Investitionsgüter (klein: ≤ 199 Beschäftigte, mittel: 200-999, groß: ≥ 1.000)	13,7	18,9	53,4
Handel (klein: ≤ 50 Beschäftigte, mittel: 51-499, groß: ≥ 500)	17,3	23,5	35,0
Banken (klein: ≤ 250 Mio. DM, mittel: 250-1.000 Mio. DM, groß: ≥ 1 Mrd. DM Geschäftsvolumen)	29,2	36,2	48,7
Versicherungen (klein: ≤ 500 Beschäftigte, mittel: 501-2.000, groß: ≥ 2.001)	23,5	27,1	45,7

Quelle: Stoetzer, Matthias-W. u.a.: Der Einsatz von Mehrwertdiensten in bundesdeutschen Unternehmen: Eine empirische Bestandsaufnahme, Bad Honnef 1993, S. 42.

---

[125] vgl. zu den folgenden Ausführungen Stoetzer, Matthias-W.: Der Einsatz von Mehrwertdiensten..., S. 41 ff.

2. Bestimmungsgründe der Datenbanknutzung

2.1 Die Bedeutung der Information für KMU

Informationen haben die Funktion, unternehmerische Entscheidungen vorzubereiten und die Unsicherheit bezüglich anstehender Entscheidungen zu reduzieren. Sie spielen daher eine wichtige Rolle im Prozeß der strategischen Unternehmensführung. Die langfristige Überlebensfähigkeit des Unternehmens muß über die Sicherung bestehender und den Aufbau zukünftiger Erfolgspotentiale angestrebt werden.[126] Zur Wahl der geeigneten Wettbewerbsstrategien ist zunächst die Analyse der strategischen Ausgangsposition des Unternehmens und seines Umfelds notwendig.[127] Die Phasen im Prozeß der strategischen Unternehmensführung stellen extrem hohe Anforderungen an das Informationssystem eines Unternehmens. Da aufgrund der ständig steigenden Komplexität der Umwelt Entscheidungen unter Unsicherheit zunehmend bedrohlicher für die Existenz eines Unternehmens sind, werden immer mehr Analyse- und Prognosetechniken eingesetzt, um eine möglichst genaue Abschätzung der gegenwärtigen und zukünftigen Marktposition eines Unternehmens vornehmen zu können.[128] Die strategischen Planungsinstrumente Stärken-Schwächen-Analyse, Produktlebenszyklus, Portfoliomethode und Branchenanalyse werden im Mittelstand allerdings nur zurückhaltend eingesetzt und beziehen sich meist nur auf kurze Planungshorizonte.[129] Die Defizite beim Einsatz dieser Analysetechniken sind in engem Zusammenhang mit einer unzureichenden Informationssituation der KMU zu sehen, da sie eine Vielzahl differenzierter Informationen über gegenwärtige und potentielle Kunden und Konkurrenten sowie Kenntnisse über sämtliche relevanten Umweltfaktoren erfordern. Auf der anderen Seite lassen sich die Defizite im Informationsmanagement gerade auf die mangelhafte strategische Orientierung zurückführen.[130] Die Bedeutung der Information für die Unternehmensführung wird vom Großteil der KMU bisher unterschätzt, so daß strategische Entscheidungen häufig schon dann gefällt werden, wenn lediglich 50 % der

---

[126] vgl. von **Trott zu Solz, Clemens**: Informationsmanagement im Rahmen eines ganzheitlichen Konzeptes der Unternehmensführung, Göttingen 1992, S. 120.

[127] vgl. von **Trott zu Solz, Clemens**: a.a.O., S. 129 ff. Die Unternehmensanalyse befaßt sich in erster Linie mit dem Prozeß der Leistungserstellung, der anhand der Wertekette untersucht wird und als Grundlage für die Suche nach Quellen zur Erzielung von Wettbewerbsvorteilen dient. Im Rahmen der Umweltanalyse wird die Attraktivität gegenwärtiger und potentieller Märkte festgestellt. Die Synthese von Unternehmens- und Umweltanalyse hilft, Stärken und Schwächen der eigenen Unternehmung im Vergleich zur Konkurrenz zu identifizieren. Im Anschluß daran werden mittels der Szenario-Technik potentielle Veränderungen der Ausgangsposition entwickelt und Handlungsalternativen entworfen, die letztendlich zur Wahl einer geeigneten Strategie führen.

[128] vgl. **Schotters, Markus**: a.a.O., S. 10.

[129] vgl. **Daschmann, Hans-Achim**: Erfolgsfaktoren mittelständischer Unternehmen, Stuttgart 1994, S. 140 ff.

[130] vgl. **Schober, Franz**: Informationsmanagement im Mittelstand - Probleme und Lösungsansätze, in: Bloech, Jürgen / Götze, Uwe / Huch, Burkhard / Lücke, Wolfgang / Rudolph, Friedhelm (Hrsg.): Strategische Planung - Instrumente, Vorgehensweisen und Informationssysteme, Heidelberg 1994, S. 317.

notwendigen Informationen vorhanden sind.[131] Bemerkenswert ist jedoch, daß KMU dennoch einen verhältnismäßig hohen Anteil Ihres Umsatzes (ca. 3 Promille)[132] für die Informationsbeschaffung aufwenden. Es kann also davon ausgegangen werden, daß Informationen ungeplant und unsystematisch beschafft werden. Wahrscheinlich fällt dabei viel unnötiger Informationsballast an. Unter solchen Umständen dürfte es den KMU schwerfallen, die Bedeutung wirklich wertvoller Informationen richtig einzuschätzen. Diese Situation deutet jedoch auch auf ein erhebliches Potential hin, das durch geeignete Marketingmaßnahmen wie direkte Ansprache und Recherche-Demonstrationen durchaus von dem Nutzen der Datenbanken zur effizienten Informationsbeschaffung überzeugt werden könnte.

2.1.1 Information als Produktionsfaktor

In der Literatur wird zusätzlich zu den drei klassischen Produktionsfaktoren Arbeit, Kapital, Boden der Rohstoff „Information" häufig als vierter Produktionsfaktor gesehen. Unter Produktionsfaktoren versteht man alle Sachgüter und Leistungen, die in den Produktions- bzw. Kombinationsprozeß eines Unternehmens eingehen und dort zur Hervorbringung anderer Sachgüter und Leistungen dienen.[133] In diesem Sinne läßt sich eine Klassifizierung der Information als Produktionsfaktor durchaus rechtfertigen. Wie in den folgenden Ausführungen deutlich wird, spielen im gesamten Prozeß der Leistungserstellung eines Unternehmens Informationen eine wichtige Rolle. Informationen gab es allerdings schon immer. Der Bedeutungswandel der Information wurde durch die einschneidenden Verände- rungen im Umfeld des Unternehmens verursacht. Vor dem Hintergrund sich wandelnder Märkte müssen sämtliche Maßnahmen zum Erhalt der Wettbewerbsfähigkeit überdacht und durch verändertes Informationsverhalten verbessert werden.

2.1.1.1 Veränderte Rahmenbedingungen

Noch in der ersten Hälfte dieses Jahrhunderts war es möglich, mit gleichen Produktions- verfahren, Rohstoffen, Produktionsmitteln und ungelernten Arbeitskräften lange Zeit über festgelegte Distributionswege die gleichen Produkte an einen weitgehend homogenen Kundenkreis abzusetzen.[134] Mittlerweile haben einige Entwicklungen im Unternehmens-

---

[131] Gespräch mit Herrn Dipl.-Ing. Thomas Einsporn, Institut der deutschen Wirtschaft
[132] vgl. FIZ Technik e.V.: Verbesserung des Datenbankangebots für kleine und mittlere Unternehmen - Marketing- und Produktempfehlung, Frankfurt 1992, S. 10.
[133] vgl. von Spiegel, Josephin: a.a.O., S. 1.
[134] vgl. Sandmaier, Wolfgang: Informationsvorsprung mit Online-Datenbanken: Internationale Wissensressourcen für die Praxis, Frankfurt am Main 1990, S. 9.

32

umfeld dazu geführt, daß der Wettbewerb sich auf vielen Märkten entscheidend verschärft hat. Seit *Markt- und Innovationszyklen* der Produkte immer kürzer werden und die Unternehmen zunehmend in fremde Marktbereiche diversifizieren, sind zusätzliche Kenntnisse über effizientere Verfahrensweisen, neue Patente usw. zur Sicherung der Marktposition notwendig. Hinzu kommt die *Internationalisierung der Märkte*, die im Hinblick auf importierte Konkurrenzprodukte sowie neue Exportmöglichkeiten hohe Anforderungen an die Informationsbeschaffung eines Unternehmens stellt. Insbesondere der europäische Binnenmarkt und die Entstehung neuer Märkte durch die Umwälzung in den osteuropäischen Ländern sind für die KMU Chance und Bedrohung zugleich.[135] In diesem Unternehmensumfeld kann die verspätete Reaktion auf Veränderungen schwerwiegende Verluste an Marktanteilen bedeuten.[136] Auf der anderen Seite ist durch systematische Informationsversorgung bspw. das Aufspüren von ungesättigten Märkten und die genaue Festlegung von Zielgruppen möglich.

2.1.1.2 Realisierung von Wettbewerbsvorteilen

Ein Unternehmen, das sich im verschärften Wettbewerb behaupten will, ist zu einem konsequenten konkurrenz- und kundenbezogenen Denken gezwungen. Die Probleme vieler Unternehmen liegen weniger in den Bereichen Technologie oder Produktion, sondern in der Fähigkeit, ihr Wissen und Können in strategische Wettbewerbsvorteile umzusetzen.[137] Ein strategischer Wettbewerbsvorteil ist dann erreicht, wenn

• ein für den Kunden wichtiges Leistungsmerkmal betroffen ist

• der Kunde den Vorteil tatsächlich wahrnimmt

• der Vorteil eine gewisse Dauerhaftigkeit aufweist, d.h. von der Konkurrenz nicht schnell imitierbar ist.[138]

Neuere Ansätze des Informationsmanagements beschränken sich nicht mehr auf die Steigerung der Produktivität oder Verbesserung des operativen Ergebnisses, sondern versuchen, einen entscheidenden Beitrag zum Aufbau von Wettbewerbsvorteilen zu leisten.[139] Über die Unterstützung der informationellen und materiellen Prozesse des Unternehmens können zunächst mittelbare Wettbewerbsvorteile durch Verbesserung der Entscheidungsgrundlage aufgebaut werden. Sie äußern sich in einer Steigerung von Effektivität und Effizienz der

[135] vgl. vom Kolke, Ernst-Gerd: a.a.O., S. 1.
[136] vgl. Görke, Winfried/Rininsland, Hermann/Syrbe, Max: a.a.O., S. 4.
[137] vgl. Freund, Werner / Stefan, Ute: EG-Binnenmarkt - Information als Wettbewerbsfaktor für den Mittelstand, Stuttgart 1991, S. 10 ff.
[138] vgl. Simon, Hermann: Management strategischer Wettbewerbsvorteile, in: Zeitschrift für Betriebswirtschaft, Heft 4/1988, S. 465.
[139] vgl. zu den folgenden Ausführungen von Trott zu Solz, Clemens: a.a.O., S. 152-168.

gesamten Wertekette, da jede physische Aktivität auf eine Entscheidung und somit auf eine informationsverarbeitende Tätigkeit zurückzuführen ist. Darüber hinaus bietet der unternehmensexterne Einsatz der Information Möglichkeiten zum Aufbau unmittelbarer Wettbewerbsvorteile, die sich aus der Umgestaltung der Wertekette, der Produkte oder der Schaffung neuer Geschäftsfelder ergeben können. Um die langfristige Wettbewerbsfähigkeit zu sichern, muß ein Unternehmen mindestens einen Wettbewerbsvorteil besitzen. Dabei kann jeder Wettbewerbsparameter als Ansatzpunkt genommen werden, um Wettbewerbsvorteile zu schaffen. Nicht nur das Kernprodukt, sondern die Gesamtproblemlösung muß im Hinblick auf Vorteilsquellen untersucht werden. Möglicherweise können im Bereich Lieferpolitik, (Prozeß-)Innovation, Service oder Image eher Vorsprünge realisiert werden, da das Kernprodukt zunehmend schneller imitierbar ist. Es ist dabei von höchster Bedeutung, daß das eigene Unternehmen in einem ganzheitlichen Strategieansatz im Spannungsfeld zwischen Kunden und Konkurrenten analysiert wird. Auf der einen Seite ist es wichtig, aus der Sicht des Kunden besser als die Konkurrenz zu sein. Auf der anderen Seite ist die möglichst genaue Kenntnis der Stärken und Schwächen gegenwärtiger und potentieller Konkurrenten Voraussetzung dafür, Wettbewerbsvorteile richtig einzuschätzen.[140] In diesem Zusammenhang wird die herausragende Bedeutung der Beschaffung relevanter Informationen deutlich. Ausreichende Konkurrenzinformationen sind jedoch besonders im Hinblick auf die Gesamtstrategie, F&E-Strategie und Kostensituation der Konkurrenten häufig nicht vorhanden. Dennoch liegt das Hauptproblem oft weniger in der Verfügbarkeit der relevanten Informationen als in der systematischen Sammlung und Verdichtung.

Angesichts ständig kürzer werdender Produktionszyklen werden vor allem Flexibilität und *Innovationsstärke* zu entscheidenden Erfolgsfaktoren.[141] Erster am Markt zu sein, bedeutet häufig einen entscheidenden Wettbewerbsvorteil. Die Nutzung geeigneter Informationen kann gleichzeitig als notwendige Bedingung und als Funktion innovativen Handelns angesehen werden.[142] Zum einen werden die Informationen als Grundlage für Innovationsentscheidungen benötigt, zum anderen ergibt sich aus einem erfolgreichen Innovationsprozeß die Ausweitung der Informationsbedürfnisse und eine gesteigerte Informationsnutzung. Der Innovationsprozeß wird jedoch durch zahlreiche Innovationsbarrieren behindert.[143] Einen wesentlichen Engpaß bilden Informationen über technische Standards,

[140] vgl. **Simon, Hermann**: a.a.O., S. 466 ff.
[141] vgl. **Albach, Horst**: Innovationsstrategien zur Verbesserung der Wettbewerbsfähigkeit, in: Zeitschrift für Betriebswirtschaft, Heft 12/1989, S. 1338-1351.
[142] vgl. **Schmidt, Ralph**: a.a.O., S. 43.
[143] vgl. zu den folgenden Ausführungen **Staudt, Erich / Bock, Jürgen / Mühlemeyer, Peter**: Informationsverhalten von innovationsaktiven kleinen und mittleren Unternehmen, in: Zeitschrift für Betriebswirtschaft, Sonderdruck, Nr. 9, Sept. 1992, S. 998-999.

34 .

Normen, gesetzliche Rahmenbedingungen und Finanzierungsmöglichkeiten. Im Rahmen einer empirischen Untersuchung nordrhein-westfälischer innovationsaktiver Unternehmen (davon 1/3 KMU) konnte festgestellt werden, daß Personal und Information in sämtlichen Phasen des Innovationsprozesses die schwerwiegendsten Hindernisse darstellten. Die Verfügbarkeit nützlicher Informationen kann eine wesentlichen Beitrag zur Verkürzung der Produktentwicklungszeiten leisten.[144] Eine Fülle von Informationen wird auch bei der Planung eines *Auslandsengagements* benötigt. Viele KMU nehmen die sich mit zunehmender Internationalisierung der Märkte bietenden Chancen des Exportgeschäfts aufgrund unzureichender Informationen nicht wahr. Eine Untersuchung des Instituts für Mittelstandsforschung kam zu dem Ergebnis, daß als Exporthinderungsgründe nicht-exportierender KMU zu 20 % Informationsdefizite angegeben wurden.[145] Eine gut funktionierende Informationsbeschaffung spielt bei der Abwägung von Chancen und Risiken eines Auslandsengagements eine herausragende Rolle. Es reicht nicht aus, die im angestammten Markt erfolgreichen Konzepte ungeprüft auf neue Märkte zu übertragen. Die Informationen über gesetzliche Rahmenbedingungen, Finanzierungsmöglichkeiten, Konsumentenverhalten usw. des potentiellen Auslandsmarktes sind von höchster Bedeutung für die Erlangung von Wettbewerbsvorteilen.

2.1.2 Besonderheiten der Informationsbeschaffung

In Großunternehmen sind für die Informationsbeschaffung eigene Bibliotheken, Dokumentationsstellen, Marktforschungs- und Patentabteilungen oder Stabsstellen vorhanden, die es ermöglichen, daß der Informationsfluß von Informationsspezialisten intern organisiert und strukturiert wird.[146] Dagegen müssen in KMU aufgrund der begrenzten finanziellen und personellen Ressourcen solche Funktionen größtenteils nach außen verlagert werden. Externe Informationsanbieter wie Fachverbände, Forschungseinrichtungen und auch Kunden und Hersteller gewinnen in diesem Zusammenhang an Bedeutung. Grundsätzlich haben aber auch KMU die Möglichkeit, interne Informationsvermittlungsstellen einzurichten.[147] Es bedarf dazu prinzipiell keiner neuen Abteilung, sondern lediglich ein oder zwei geschulter Mitarbeiter. Die Aufgabe der Informationsbeschaffung kann mittlerweile durch

[144] vgl. **Hannig, Uwe**: a.a.O., S. 35.
[145] vgl. **Schwarting, Uwe / Thoben, Christa / Wittstock, Matthias**: Nachfrageverhalten kleiner und mittlerer Unternehmen nach Außenhandelsinformation und -beratung, Göttingen 1981, S.23.
[146] vgl. zu den folgenden Ausführungen **Pieper, Antje**: a.a.O., S. 26 und 61 und **Staudt, Erich / Bock, Jürgen / Mühlemeyer, Peter**: a.a.O., S. 990.
[147] vgl. zu den folgenden Ausführungen **Scientific Consulting Dr. Schulte-Hillen (Hrsg.)**: Informationsbeschaffung aus Datenbanken - Leitfaden zur Errichtung betriebsinterner Informationsvermittlungsstellen in kleinen und mittleren Unternehmen, Köln 1990, S. 6.

die systematische Nutzung von Datenbanken äußert effizient durchgeführt werden. Vorteilhaft auf die Organisation des Informationsflusses wirken sich in KMU die kürzeren Informations- und Entscheidungswege aus.[148] Eine Zentralisierung des Informationsbeschaffungswesens ist daher unpraktikabel. Vielmehr sollten diese Aufgaben in die Linienfunktionen eingebunden werden. Oft wird - nicht nur in KMU - bei der Einrichtung interner Informationsvermittlungsstellen die fehlerhafte Entscheidung getroffen, einen bestimmten Unternehmensbereich (häufig F&E oder EDV) für die Übernahme der neuen Funktion auszuwählen.[149] Insbesondere in KMU ist die EDV-Abteilung - falls vorhanden - oft sehr technisch und strategiefern ausgerichtet.[150] Viele deutsche Unternehmen übergeben außerdem die Informationsbeschaffung der jeweils zuständigen Fachabteilung und verzichten auf eine zentrale Koordination.[151] Sinnvoller erscheint die gleichzeitige Beteiligung von EDV-Experten und den Information nachfragenden Abteilungen, so daß technik- und aufgabenspezifische Aspekte parallel berücksichtigt werden.[152] Das Informationsmanagement sollte von Anfang an durch eine enge Verbindung mit der strategischen Unternehmensführung gekennzeichnet sein. Angemessen ist bspw. die Einrichtung einer Projektgruppe „Strategie und Information" und die Leitung oder zumindest aktive Teilnahme eines Mitglieds der Geschäftsführung.[153] Dadurch wird von vorneherein möglichen Schwierigkeiten entgegengewirkt (bspw. Mitarbeitermotivation, Akzeptanz). In den US-amerikanischen Unternehmen ist es inzwischen sogar üblich, die Verantwortung für alle Informationsfragen auf die Geschäftsleitungsebene zu übertragen.[154] Dadurch werden die Bedeutung des Faktors Information unterstrichen, die zentrale Planung vereinfacht und Kommunikations- und Entscheidungswege verkürzt. Für KMU stellt sich die Problemlage zwar etwas anders dar, jedoch sollte auch hier die Verantwortlichkeit und das Engagement der Geschäftsleitung für den Bereich Information einen hohen Stellenwert haben.

---

[148] vgl. **Pieper, Antje**: a.a.O., S. 22.
[149] Gespräch mit Herrn Dipl.-Ing. Thomas Einsporn, Institut der deutschen Wirtschaft
[150] vgl. **Schober, Franz**: a.a.O., S. 336.
[151] vgl. zu den folgenden Ausführungen **Keidel, Ute / Winkelmann, Jürgen**: Standort Deutschland - Information als Wettbewerbsvorteil?, in Cogito 5/94, S. 29-30.
[152] vgl. **Schober, Franz**: a.a.O., S. 336.
[153] vgl. **Schober, Franz**: a.a.O., S. 335 ff.
[154] vgl. **Keidel, Ute / Winkelmann, Jürgen**: a.a.O., S. 29.

2.2 Technische Voraussetzungen der Datenbanknutzung

Um Online-Recherchen eigenständig durchführen zu können, muß eine bestimmte Ausstattung an Hard- und Software vorhanden sein.

Abbildung 1:

Technische Voraussetzungen der Datenbanknutzung

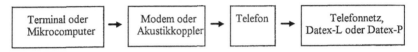

Zunächst wird ein einfaches <u>Terminal</u> oder ein <u>PC</u> benötigt.[155] Das Terminal ist zwar preisgünstiger, kann aber lediglich Ein- und Ausgabefunktion erfüllen. Im Gegensatz dazu ist mit dem PC sowohl die Archivier- und Weiterverarbeitbarkeit der gewonnenen Daten als auch die Standardisierbarkeit von Zugriffen möglich. Beim Einsatz eines PCs sollte darauf geachtet werden, daß eine ausreichende Speicherkapazität, ein gängiges Betriebssystem und eine parallele Schnittstelle sowie mindestens eine serielle Schnittstelle vorhanden sind.[156] Für die Ausgabe der gewonnenen Daten ist darüber hinaus ein Drucker erforderlich. Aufgrund der technologischen Entwicklung in den letzten Jahren, die sich vor allem in einem besseren Preis-/Leistungsverhältnis bei der Hardware und benutzerfreundlicher Anwendungssoftware niederschlägt, sind mittlerweile nahezu alle KMU zumindest mit PCs für standardisierte Anwendungsgebiete ausgestattet.[157] Um den Einsatz des PCs als Datenbankabfragestation zu gewährleisten ist eine <u>Kommunikationssoftware</u> notwendig, die den Datentransfer zwischen dem PC und dem Hostrechner steuert.[158] Der PC arbeitet mit Hilfe der digitalen Übertragungs- und Speicherungstechnik. Er wird unmittelbar an das analoge Fernsprechnetz angeschlossen, so daß der Übergang zwischen dem digital arbeitenden PC und dem analogen Netz mit einem speziellen Kommunikationsgerät hergestellt werden muß.[159] Zu diesem Zweck können entweder ein <u>Akkustikkoppler</u> oder ein <u>Modem</u> benutzt werden. Der Akkustikkoppler ist ein externes Datenübertragungseinrichtungs-Gerät, das die Verbindung zwischen Telefonnetz und PC herstellt. Digitale Computersignale werden über ein eingebautes Mikrofon und Lautsprecher moduliert und demoduliert in analoge Signale.[160] Sein Vor-

---

[155] vgl. **Sandmaier, Wolfgang:** a.a.O., S. 20.
[156] vgl. **Scientific Consulting Dr. Schulte-Hillen** (Hrsg.): Informationsbeschaffung... ,S. 11-12.
[157] vgl. **Schober, Franz:** a.a.O., S. 325.
[158] vgl. **Palme, Klaus:** Zugriff auf Datenbanken, Köln 1988, S. 9 und **Pörzgen, Rainer / Schreiber, Martin:** Die Informationsvermittlungsstelle, Planung - Errichtung - Betrieb, München 1993, S. 69 ff.
[159] vgl. **Phillip, Robert / Matthies, Bernd:** a.a.O., S. 25.
[160] vgl. **Hügel, Reinhold:** a.a.O., S. 86.

teil besteht darin, daß er transportierbar ist und in Verbindung mit einem PC von jedem beliebigen Telefonanschluß aus Datenbankrecherchen ermöglichen kann. Allerdings ist er wegen seiner langsamen Übertragungsraten und erhöhten Störanfälligkeit eher für den gelegentlichen Gebrauch oder für unterwegs geeignet. Das Modem (Kunstwort aus Modulator-Demodulator) hingegen weist die Vorteile einer höheren Übertragungssicherheit und -geschwindigkeit auf.[161] Es existiert als externes Modem, das mit der seriellen Schnittstelle des PCs über ein Kabel verbunden wird, oder als internes Modem in Form einer Steckkarte, die in den PC eingebaut wird.[162] Die Verbindung des PCs mit dem Hostrechner wird über die öffentlichen Netze der Bundespost hergestellt. Für die Übertragung kann das übliche Telefonnetz in Anspruch genommen werden. Neben eventuellen Störungen sind die Übertragungsraten jedoch sehr langsam und die Kosten für umfangreiche Anwendungen hoch, da die normalen Telefongebühren angerechnet werden. Sinnvoller ist vor allem bei häufiger Nutzung die Datenübertragung über das Datex (Data-Exchange)-Netz der Telekom, das in zwei Varianten angeboten wird und speziell auf die Bedürfnisse der Datenkommunikation ausgerichtet ist.[163] Die Leitungsvermittlung (Datex-L) als älteste Technik ähnelt in ihrer Struktur einer Telefonverbindung.[164] Für die Dauer der Datenübertragung werden die Teilnehmer durch eine festgeschaltete Leitung miteinander verbunden und der betreffende Kanal wird lediglich für diese eine Verbindung genutzt. Voraussetzung für eine Datex-L-Verbindung ist, daß die beiden Anschlüsse mit der gleichen Datenübertragungsgeschwindigkeit ausgestattet sind. Datex-L ist insbesondere bei hohem Datenvolumen, geringer Entfernung und kurzer Dauer der Kommunikation vorteilhaft.[165] Die Technik der Paketvermittlung (Datex-P) zeichnet sich durch eine besonders effiziente Nutzung der Leitungen aus.[166] Es existieren verschiedene Arten von Datex-P-Anschlüssen, die sich hinsichtlich ihrer technischen Ausstattung unterscheiden. Der Anwender kann sich entweder über ein Modem mit dem nächstliegenden Datex-P-Rechner verbinden lassen oder er wählt sich über ein PAD (Packet Assembler/Dissassembler) ein.[167] Die von einer Datenendeinrichtung abgesandten Informationen werden als Informations-Pakete mit Zieladresse, Laufnummer und Absender versehen und an den nächstliegenden Datex-P-Knoten geschickt. Von dort aus wird eine gerade freie Leitung zur Übertragung an die Zieladresse genutzt, wobei nicht immer der kürzeste Weg gewählt wird. Die Verbindung ist entsprechend langsamer als bei Datex-L. Sie weist jedoch den Vorteil auf, daß Gebühren im wesentlichen

---

[161] vgl. **Sandmaier, Wolfgang**: a.a.O., S. 21.
[162] vgl. **Phillip, Robert / Matthies, Bernd**: a.a.O., S. 26.
[163] vgl. zu den folgenden Ausführungen Hügel, Reinhold: a.a.O., S. 61ff.
[164] vgl. hierzu **Deutsche Bundespost Telekom** (Hrsg.): Das Telekom-Buch 1992, Bonn 1992, S. 202-205.
[165] vgl. **Phillip, Robert / Matthies, Bernd**: a.a.O., S. 36.
[166] vgl. hierzu **Deutsche Bundespost Telekom** (Hrsg.): a.a.O., S. 196-201.
[167] vgl. o.V.: Paket oder Leitung, in: Gateway November 1994, S. 77-79.

entfernungsunabhängig erhoben werden und allein die Telefongebühren zum nächstliegenden Datex-P-Knoten anfallen. Datex-P wird primär dann eingesetzt, wenn eine geringe Datenmenge bei langer Verbindungsdauer übertragen und Datenendgeräte mit unterschiedlichen Übertragungsgeschwindigkeiten eingesetzt werden. Eine weitere Möglichkeit, den Zugang zu Online-Datenbanken herzustellen, besteht in der Nutzung von Bildschirmtext (Btx) bzw. Datex-J. Btx als preisgünstige und benutzerfreundliche Lösung, die aber sehr langsam in der Datenübertragung und im Seitenaufbau war, wurde mit dem Start von Datex-J im Jahr 1993 technisch stark verbessert.[168] Datex-J ermöglicht über den flächendeckenden Zugang ins Datex-P-Netz die Datenbankabfrage. Darüber hinaus sind einige Online-Datenbanken auch schon direkt über Datex-J erreichbar (bspw. bei GENIOS).[169] Zudem ist Datex-J bisher weltweit als einziger Online-Dienst flächendeckend über ISDN erreichbar.[170] Für Nutzer mit relativ geringem Datenaufkommen gilt er als optimale Lösung. Demnächst wird Datex-J mittels des sog. „Kit" (Kernsoftware für Intelligente Terminals)-Standard u.a. windowsorientierte Oberflächen und Multimedia-Fähigkeit erlangen, wodurch die Benutzerfreundlichkeit noch erheblich gesteigert werden kann.[171] Vorkenntnisse spezieller Retrievalsprachen sind dann nicht mehr notwendig.

Wenn die technischen Voraussetzungen gegeben sind, kann bei den ausgewählten Hosts eine Zugangsberechtigung beantragt werden. Sie besteht aus einem Benutzerkennschlüssel und einem Password, über die die angefallenen Kosten in Rechnung gestellt werden.[172]

2.3 Kosten-Nutzen-Analyse

Die Entscheidung über den Einsatz von Datenbanken hängt davon ab, ob sich diese Art der Informationsbeschaffung für das Unternehmen lohnt. Da der Nutzen des Wirtschaftsgutes „Information" nicht genau beziffert werden kann (vgl. B.II.1), sind die Ergebnisse einer Kosten-Nutzen-Analyse in starkem Maße durch subjektive Einschätzung und Informationswertbewußtsein geprägt. Zudem wird häufig der Aufwand für die herkömmliche Informationsbeschaffung unterschätzt und derjenige für die Datenbanknutzung überschätzt. Bei den traditionellen Informationsbeschaffungsverfahren werden die entstehenden Kosten nicht im einzelnen erfaßt. Oft geben in der Unternehmensbuchhaltung eines KMU lediglich die Ausgaben für Handbücher oder Fachzeitschriftenabonnements einen Hinweis auf

---

[168] vgl. **Telekom (Hrsg.)**: Datex-J für Einsteiger - Die Kommunikationsplattform für jedermann, Sonderauflage 1995, Vogel-Verlag, Würzburg 1995, S. 10.
[169] vgl. **Telekom (Hrsg.)**: a.a.O., S. 68-70.
[170] vgl. **Telekom (Hrsg.)**: a.a.O., S. 4.
[171] vgl. **Telekom (Hrsg.)**: a.a.O., S. 28-29.
[172] vgl. **Institut der deutschen Wirtschaft**: a.a.O., S. 15.

Informationsaktivitäten.[173] Ausgaben für unternehmensinterne Bibliotheks- oder Dokumentationseinrichtungen werden als Teil der Gemeinkosten betrachtet.[174] Oft mangelt es außerdem an der Erkenntnis, daß ein Mitarbeiter, der viele Telefongespräche führen und Bibliotheken besuchen muß, um Informationen zu erhalten, sehr teuer sein kann. Zudem wird meist nicht berücksichtigt, daß bspw. eine Patentrecherche die Anmeldung bereits patentierter Verfahren verhindern und Forschungs- und Entwicklungskosten senken kann.

Diese Überlegungen sollen im folgenden verdeutlicht werden anhand einer Aufstellung der Kosten für die Datenbanknutzung und einer Darstellung möglicher Vorteile gegenüber traditionellen Recherchemethoden. Da die Kostenstruktur relativ unübersichtlich und vielschichtig ist und der Nutzen nur schwer gemessen werden kann, soll die Kosten-Nutzen-Analyse der Datenbanknutzung durch Plausibilitätsüberlegungen gestützt werden.

2.3.1 Kosten einer Datenbankrecherche

Die Nutzung von Online-Datenbanken ist mit verschiedenen Kostenbestandteilen verbunden, die sich zum einen auf die Investitionskosten in die technische Ausstattung und zum anderen auf die laufenden Kosten einer Recherche beziehen. Darüber hinaus fallen in den meisten Fällen Kosten für die Einarbeitung der Mitarbeiter - bspw. durch Schulungen in der Retrievalsprache - an, auf die im folgenden jedoch nicht näher eingegangen werden soll. Die Investitionskosten umfassen die Anschaffung eines geeigneten PCs, der heute bereits ab ca. 2.500,- DM erhältlich ist, eines Modems im Wert von 150,- bis 450,- DM oder eines Akkustikkopplers für mind. 150,- DM und der Kommunikationssoftware für ca. 1.000,- DM.[175] Sinnvollerweise sollte diese Ausstattung durch einen Drucker ergänzt werden, der ab ca. 500,- DM angeboten wird. Es bedarf also selbst in KMU keiner großen zusätzlichen Investitionen, da PC und Drucker mittlerweile in fast jedem Unternehmen zur Standardausstattung gehören.[176]

Die Recherchekosten bestehen aus den Telefonkosten, den Datex-P-Kosten (unter der Annahme, daß die Datenübertragung über Datex-P erfolgt) und den Datenbankgebühren. Die Telefonkosten sind abhängig von der Entfernung der Datenbankabfragestation zum nächsten Datex-P-Knoten und von der Tageszeit. Als nächster Kostenblock fallen die Datex-P-Kosten an. Die Einrichtungskosten belaufen sich auf ca. 500,- DM.[177] Hinzu

[173] vgl. **Scientific Consulting Dr. Schulte-Hillen** (Hrsg.): Informationsbeschaffung... , S. 25.
[174] vgl. **BMWI** (Hrsg.): Neue Wege..., a.a.O., S. 29.
[175] vgl. **vom Kolke, Ernst-Gerd**: a.a.O., S. 107 und **Kind, Joachim**: a.a.O., S. 400.
[176] vgl. **Leonhard, Ulf**: Externe Datenbanken - ein Mittel zur effizienten Informationsbeschaffung, in: office management 5/86, S. 494.
[177] vgl. **vom Kolke, Ernst-Gerd**: a.a.O., S. 111.

kommen fixe Kosten in Form einer monatlichen Grundgebühr, die je nach Anschlußart zwischen 240,- und 1.500,- DM liegen sowie variablen Kosten, die sich aus einer Zeit- und einer Volumenkomponente zusammensetzen. Für die Zeitkomponente ergeben sich in Abhängigkeit von Anschlußart und Entfernungszone unterschiedliche Gebühren. Bei manchen Anschlüssen (Datex-P20F) müssen außerdem Zugangs- und Anschlußgebühren entrichtet werden. Jeder Verbindungsaufbau kostet darüber hinaus 0,05 DM. Die volumenabhängigen Kosten werden auf der Grundlage von Segmenten (1 Segment = 64 übertragene Zeichen) berechnet.

Die nachstehende Tabelle gibt einen Überblick über die Datex-P-Kostenstruktur. Die angegebenen Gebühren für die Volumenkomponente beziehen sich auf eine vollbeschriebene DIN A4-Seite (= 40 Segmente bzw. 2.560 übertragene Zeichen).

Tabelle 10:

Datex-P-Kosten

Datex-P-Kosten	Datex-P10H	Datex-P20H	Datex-P20F
Einrichtungskosten	550,-	550,-	
fixe Kosten	220,- (2.400 b)	120,- (300 b)	15,-
monatliche	420,- (9.600 b)	160,- (1.200 b)	
Grundgebühr	1.500,- (64.000 b)	220,- (2.400 b)	
variable Kosten			
Zeitkomponente			
Zugangsgebühr			4 Pf/Min
Anpassungsgebühr		6 Pf/Min	6 Pf/Min
Zuschlag			
Verbindungs-			
gebühr	5 Pf/Verbindung	5 Pf/Verbindung	5 Pf/Verbindung
Zeitgebühr:			
- national	1 Pf/Min	7 Pf/Min	11 Pf/Min
- international			
Europa	5 Pf/Min	11 Pf/Min	15 Pf/Min
USA	15 Pf/Min	21 Pf/Min	25 Pf/Min
variable Kosten			
Volumenkomponente			
- national			
8.00-18.00 Uhr	13,2 Pf	13,2 Pf	13,2 Pf
18.00-22.00 Uhr			
und 6.00-8.00 Uhr	7,2 Pf	7,2 Pf	7,2 Pf
22.00-6.00 Uhr	3,6 Pf	3,6 Pf	3,6 Pf
- international			
Europa	20 Pf	20 Pf	20 Pf
USA	36 Pf	36 Pf	36 Pf

Quelle: vom Kolke, Ernst-Gerd: Online-Datenbanken - Systematische Einführung in die Nutzung elektronischer Fachinformation, München 1994, S. 110 und 111 und Deutsche Bundespost Telekom (Hrsg.): Das Telekom-Buch 1992, Bonn 1992, S. 198 und 200.

Der Anteil der Datex-P-Kosten an den Gesamtkosten einer Online-Datenbankabfrage liegt erfahrungsgemäß unter 10 %.[178] Es wurde unter C.II.2.2 bereits angesprochen, daß ein Datex-J-Anschluß demnächst insbesondere für gelegentliche Nutzer vorteilhaft sein kann. Die Kosten für diese Lösung sind erheblich günstiger als bei Datex-P. Die monatliche Grundgebühr beträgt 8,- DM.[179] Als Verbindungskosten fällt zusätzlich zum Telefon-Nahtarif ein Zeittakt-Entgelt zwischen 0,06 DM/Min. (Normaltarif) und 0,02 DM/Min. (Billigtarif) an.

Den Großteil der Recherchekosten machen die Datenbankgebühren aus. Grundsätzlich ist festzustellen, daß die Gebühren der einzelnen Hosts aufgrund unterschiedlicher Abrechnungssysteme nur schwer vergleichbar sind und ein Kostenvergleich lediglich im Hinblick auf bestimmte Kostenpositionen vorgenommen werden kann.[180] Hinzu kommt die Schwierigkeit, die Kosten einer Recherche im voraus abzuschätzen. Bei den meisten Hosts bestimmen Grundgebühren und Nutzungsgebühren den Preis für die Inanspruchnahme der Datenbank.[181] Die Grund- oder Servicegebühr dient der Deckung administrativer Kosten und der Kosten für die Bereitstellung von Handbüchern und anderen Informationen. Nahezu jeder Host setzt diese Gebühr unterschiedlich hoch an. An der Spitze der Skala steht der Host GENIOS, der seit Herbst 1991 einer jährliche Gebühr von 960,- DM erhebt, die 50 % der Nutzer zur Kündigung veranlaßte. Am anderen Ende rangiert ESA-IRS, der seit der Einführung des neuen Kostenkonzepts „Pricing for Information" 1989 überhaupt keine Grundgebühren verlangt und stattdessen höhere Preise für die angezeigten Informationen setzt. Als zweiter Kostenblock werden die Nutzungsgebühren in Rechnung gestellt, die sich aus der Verbindungszeit, der Online-Anzeige bzw. Offline-Duckausgabe und der Zahl der Suchbegriffe zusammensetzen. Anfangs stellten die Zeitgebühren eine wichtige Einnahmequelle der Hosts dar, die im Laufe der Jahre jedoch aufgrund schnellerer Modems und Datenleitungen immer mehr an Bedeutung verlor. Mittlerweile werden bei fast allen Hosts die Verbindungsgebühren gesenkt und höhere Preise für angezeigte Informationen erhoben. Bei der Entscheidung für eine Online-Anzeige oder Offline-Ausgabe sollten die Übertragungsgeschwindigkeiten berücksichtigt werden. Eine Online-Ausgabe ist zwar prinzipiell bei allen Hosts preisgünstiger, kann jedoch durch die zusätzlich anfallenden Anschaltzeiten während der Überspielzeit in die Höhe getrieben werden. Das komplexe System der Gebührenerhebung gestaltet sich durch das Gewähren diverser Mengenrabatte und Preisnachlässe noch

---

[178] vgl. vom Kolke, Ernst-Gerd: a.a.O., S. 111.
[179] vgl. Telekom (Hrsg.): a.a.O., S. 10.
[180] vgl. Hügel, Reinhold: a.a.O., S. 94.
[181] vgl. zu den folgenden Ausführungen Bucher, Rainer: Einigermaßen undurchschaubar, in: Cogito 4/93, 5-7.

unübersichtlicher. Die Kosten für 1 Stunde Datenbanknutzung können im Durchschnitt mit etwa 250,- bis 280,- DM angesetzt werden.[182]

Ein weiterer wichtiger Aspekt, der im Zusammenhang mit den Kosten einer Recherche berücksichtigt werden muß, ist die Häufigkeit der Online-Nutzung.[183] Je größer die Anzahl der durchgeführten Datenbankrecherchen ist, desto kostengünstiger sind diese im Vergleich zu konventionellen Informationsmedien. Bei seltener Inanspruchnahme einer Datenbank kann die Beauftragung eines Informationsvermittlers die günstigste Lösung darstellen (vgl.C .II.4.2).

2.3.2 Vorteile der Datenbanknutzung

Bei der Bewertung des Nutzens von Datenbankrecherchen muß Klarheit darüber herrschen, daß Datenbanken kein neues Produkt, sondern lediglich ein neuer Vertriebsweg für alte Produkte sind.[184] Aus diesem Grunde sind Datenbanken als Ergänzung und nicht als Ersatz herkömmlicher Informationsbeschaffungswege zu verstehen.[185] Es gibt jedoch einige unbestrittene Vorteile von Datenbanken gegenüber herkömmlichen Informationsquellen, deren Nutzen zwar schwierig zu bestimmen ist, die aber dennoch von Relevanz für die Stärkung der Wettbewerbsposition eines Unternehmens sein können.[186] Zunächst ist festzustellen, daß Datenbanken zwar nicht mehr leisten können als traditionelle Informationsquellen, aber um einiges schneller sind. Darüber hinaus stellen sich die wesentlichen Vorteile wie folgt dar:[187]

Mehrdimensionale Suche bzw. Kombinierbarkeit von Suchbegriffen:
Während bei der systematischen Archivierung von gedruckten Informationen nur ein oder wenige Kriterien berücksichtigt werden, können elektronisch gespeicherte Informationen nach beliebigen Kriterien selektiert werden. Es besteht außerdem die Möglichkeit, Kriterien miteinander zu verknüpfen, so daß gezielt auf die wesentlichen Veröffentlichungen zugegriffen werden kann. Eine unüberschaubare Vielzahl von Dokumenten kann so sehr schnell und mühelos im Hinblick auf äußerst spezielles Wissen hin durchforscht werden,

---

[182] vgl. vom Kolke, Ernst-Gerd: a.a.O., S. 113.
[183] vgl. zu den folgenden Ausführungen Leonhard, Ulf: a.a.O., S. 495-496.
[184] vgl. Hügel, Reinhold: a.a.O., S. 12.
[185] vgl. Sandmaier, Wolfgang: a.a.O., S. 120.
[186] vgl. hierzu auch die Gegenüberstellungen in Peckedraht, P.: Informationsbeschaffung mit Hilfe von Datenbanken als Voraussetzung der Innovationstätigkeit, in: Corsten, H. (Hrsg.): Die Gestaltung von Innovationsprozessen, Berlin 1989, S. 117 und Leonhard, Ulf: a.a.O., S. 498.
[187] vgl. zu den folgenden Ausführungen Hügel, Reinhold: a.a.O., S. 12 ff., Wuppertaler Kreis e.V.: a.a.O., S. 61 ff., Gokl, Reinhard: Externe Wirtschaftsdatenbanken im betrieblichen Informationsprozeß, Düsseldorf 1992, S. 15-16 und Muchna, Claus: a.a.O., S. 8 ff.

bspw. können ohne Umstände sämtliche Veröffentlichungen eines bestimmten Autors in einem bestimmten Jahr zu einem bestimmten Thema aufgefunden werden.

Schnellerer Zugriff auf Informationen:

Die Dauer einer Datenbankrecherche umfaßt i.d.R. nur wenige Minuten. Eine manuelle Literaturrecherche in einer Bibliothek oder Methoden informeller Kommunikation können hingegen viel Zeit in Anspruch nehmen. Bei der traditionellen Informationsbeschaffung werden sowohl höhere Personalkosten verursacht, als auch Wettbewerbsvorteile durch Informationsvorsprung deutlich abgeschwächt.

Orts- und zeitunabhängiger Zugriff auf Informationen:

Entfernungen spielen bei Online-Recherchen praktisch keine Rolle. Informationen über ausländische Quellen sind ebenso verfügbar wie Informationen aus räumlich nahegelegenen Bereichen. Die amerikanischen Veröffentlichungen sind sogar deutlich überrepräsentiert. Da Datenbanken nicht an Öffnungszeiten gebunden sind, kann man rund um die Uhr Informationen erhalten.

Hohe Aktualität:

Laufende Ergänzungen der Datenbanken (Updating) sorgen dafür, daß Informationen in Datenbanken häufig schneller verfügbar sind als über Printmedien. Dies gilt insbesondere für Real-Time-Datenbanken, die bspw. Börseninformationen direkt nach ihrer Entstehung aufnehmen. Der dadurch erreichbare Informationsvorsprung bringt dem Nutzer unmittelbare Vorteile.

Umfassendes Informationsangebot, Vollständigkeit der Information:

Mittlerweile gibt es für fast jedes Sachgebiet eine spezialisierte Datenbank, die in einzelnen Bereichen tendenziell vollständige Informationen bereitstellt.

Elektronische Weiterverarbeitung der Information:

Die mittels Datenbankrecherche entdeckten Informationen lassen sich mit Hilfe einer entsprechenden Software ohne Neueingabe von Daten weiterverarbeiten und auswerten.

44

Die aufgeführten prinzipiellen Vorteile der Online-Recherche, die zur effizienten Beschaffung und Verarbeitung von Informationen qualitativer und quantitativer Art führen, können letztendlich einen entscheidenden Beitrag zur Verbesserung der Wettbewerbsposition im internationalen Zeitwettbewerb leisten.[188] Die Verfügbarkeit fachspezifischer aktueller Informationen erfüllt wichtige Frühwarnfunktionen und kann durch erhöhte Reaktionsgeschwindigkeit den Handlungsspielraum des Unternehmens vergrößern. Dadurch verbessern sich die Möglichkeiten des Unternehmens, gegenwärtige Märkte abzusichern und neue Märkte zu erschließen. Besonders deutlich wird das Nutzenpotential externer Datenbanken an den Möglichkeiten zur Verkürzung von Produktentwicklungszeiten.[189] Die immer kürzer werdenden Produktlebenszyklen führen dazu, daß Verzögerungen im Forschungs- und Entwicklungsprozeß gravierende Auswirkungen auf die Ergebnisentwicklung haben. Es gilt, die Zeitspanne zwischen Ideenfindung und Markteinführung zu minimieren. Hier kann die gezielte Recherche in geeigneten Datenbanken eine wesentliche Rolle spielen, insbesondere wenn es um Informationen über Patente, neue Verfahren, vergleichbare Entwicklungsprojekte, Wettbewerber, neue Werkstoffe und Problemlösungen geht. Beispielsweise hat eine Untersuchung der Wissenschaftlichen Hochschule für Unternehmensführung in Koblenz ergeben, daß die Nutzung von Datenbanken in der Forschung und Entwicklung (F&E) die Entwicklungszeit um rund 25 % verringern kann, die Problemlösungen um 24 % verbessert und F&E-Kosten um 1/5 gesenkt werden können. Hinzu kommt, daß eine systematische Datenbankanfrage hilft, Doppelforschungen zu vermeiden. Das Deutsche Patentamt weist jährlich 2 von 3 Anmeldungen zurück, da ähnliche Verfahren bereits patentiert sind. Informationsbeschaffung aus Patentdatenbanken kann in solchen Fällen dazu beitragen, hohe Patentverfahrenskosten einzusparen.[190]

3. Der aktuelle Stand der Datenbanknutzung in KMU

3.1 Informationsquellen

Grundsätzlich können sich Unternehmen auf internem und externem Wege Informationen beschaffen.[191] Einige Informationen, bspw. über Exportchancen, sind jedoch fast ausschließlich über externe Informationswege erhältlich. Für KMU sind die externen Informationsquellen von besonderer Bedeutung, da sie in der Regel keine eigene F&E-

---

[188] vgl. hierzu **Leonhard, Ulf**: a.a.O., S. 499.
[189] vgl. hierzu **Hannig, Uwe**: a.a.O., S. 35-36 und **Fuchs, Hans-Joachim**: Orientierungshilfen im Wettlauf, in: highTech, Mai 1991, S. 70-72.
[190] vgl. **BMWI** (Hrsg.): Neue Wege..., S. 32-33.
[191] vgl. **Hügel, Reinhold**: a.a.O., S. 104.

Abteilung, Archive und Bibliotheken für die Informationsgewinnung zur Verfügung haben.[192] Aus diesem Grunde sollen im folgenden interne Informationswege nicht berücksichtigt werden. Bei der externen Informationsbeschaffung kann zwischen personaler und formaler Informationssuche unterschieden werden.[193] Die personale Informationssuche umfaßt sämtliche Gespräche mit Experten, Seminarteilnahmen, Tagungen und Messen, während in den formalen Bereich Recherchen in Datenbanken und sonstigen Hinweissammlungen einzuordnen sind. Welcher Informationsweg zur Klärung einer bestimmten Frage gewählt wird, hängt von verschiedenen Kriterien ab. Aktualität, Vollständigkeit und Umfang der benötigten Informationen sind ausschlaggebend für die Wahl der Informationsquellen. Darüber hinaus kann die Entscheidung durch den Beschaffungspreis, die Zugangsbedingungen, die Sprache der Information und die Dringlichkeit des Informationsbedarfs beeinflußt werden. Insbesondere Entscheidungen, die im Zusammenhang mit Innovationsvorhaben gefällt werden, sind durch hohe Komplexität und Unsicherheit bestimmt und bedürfen einer Vielzahl von Informationen. Deshalb wurde die Nutzung einzelner Informationsquellen durch KMU auch schwerpunktmäßig im Hinblick auf diese Situationen untersucht. Die Untersuchungen der vergangenen zehn Jahre unterscheiden sich in starkem Maße in ihrem methodischen Vorgehen und sind daher schwer miteinander vergleichbar. Auffällig ist jedoch, daß sie alle unabhängig von ihrer Erhebungsmethode zu ähnlichen Hauptaussagen gelangen.[194] Übereinstimmung besteht darin, daß bisher von KMU hauptsächlich die verschiedenen Arten persönlicher Kommunikation zur Informationsbeschaffung genutzt werden.[195] Datenbanken hingegen haben für KMU einen niedrigen Stellenwert, da traditionelle Informationsquellen meist als ausreichend empfunden werden.[196]

3.1.1 Traditionelle Informationsquellen

Empirische Untersuchungen der vergangenen Jahre kommen durchweg zu dem Ergebnis, daß der Anteil der traditionellen Informationsquellen, die alle Mittel der personalen Informationssuche sowie Printmedien und externe Beratung umfassen, an den externen Informationsquellen bei KMU mind. 90 % beträgt. Vor allem informelle Ratgeber und

---

[192] vgl. **Pieper, Ansgar**: Rationelle Informationsbeschaffung - Datenbanknutzung in Klein- und Mittelbetrieben, Köln 1990, S. 10.
[193] vgl. zu den folgenden Ausführungen **Hügel, Reinhold**: a.a.O., S. 104.
[194] vgl. dazu auch **Franke, Joachim / Braune, Paul / Herr, Dieter / Kühlmann, Torsten M.**: Technologietransfer und Mittelstand - Eine empirische Untersuchung zur Beratungslücke, in: Schmalenbachs Zeitschrift für betriebswirtschaftliche Forschung 6/87, S. 484 f und **Szyperski, Norbert / Windler, Albrecht / Wolff, Matthias / Eckey, Klaus / Tüschen, Norbert**: Die Informationsversorgung von kleinen und mittleren Unternehmen - Analysen und Konzeptionen, Köln 1985, S. 39-42.
[195] vgl. **Pieper, Antje**: a.a.O., S. 27.
[196] vgl. hierzu auch **Schmidt, Ralph**: a.a.O., S. 122.

kommunikative Netzwerke, die im Vorfeld unternehmerischer Entscheidungen für Führungskräfte in sämtlichen Unternehmen eine wichtige Rolle spielen,[197] werden in KMU zur Informationsbeschaffung herangezogen.

Das Informationsverhalten der KMU bei Produkt- und Prozeßinnovationen wurde bereits 1986 vom Institut der deutschen Wirtschaft (IW) im Rahmen des Projektes „Produktivkraft Information" analysiert.[198] Die Untersuchung, an der 30 KMU und 64 weitere Institutionen beteiligt waren, kommt zu dem Ergebnis, daß mehr als die Hälfte der genutzten Informationsquellen in den Bereich der persönlichen Kommunikation einzuordnen sind. Bei Produktinnovationen spielen externe Gesprächskreise und Kundenbefragungen die wichtigste Rolle, während für Prozeßinnovationen die Information durch Lieferanten alle anderen Quellen bei weitem übertrifft.[199] Printmedien in Form von Fachzeitschriften, Tageszeitungen und Marktuntersuchungen sowie Verbandsinformationen werden zwar für die breite Information genutzt, jedoch weniger im Hinblick auf spezielle Innovationen herangezogen. Die Resultate der IW-Untersuchung stimmen in etwa überein mit denen einer Befragung von 150 nordrhein-westfälischen KMU, die 1990 vom Institut für angewandte Innovationsforschung (IAI) durchgeführt wurde.[200] Auch hier wurde die Dominanz persönlicher Kommunikation und die herausragende Relevanz des Kunden- und Herstellerkontaktes für den Innovationsprozeß deutlich. Obwohl die beiden genannten Untersuchungen aufgrund unterschiedlicher methodischer Vorgehensweisen nicht miteinander vergleichbar sind, werden ihre Ergebnisse in der folgenden Tabelle gegenübergestellt, da sie erstaunliche Übereinstimmungen aufweisen.

Tabelle 11:

Informationsquellen der KMU bei Innovationsvorhaben

	persönliche Kommuni- kation	Printmedien	externe Beratung	Datenbanken	Patent- und Umwelt- informationen
IW (1986)	56 %	17 %	15 %	4,5 %	6,8 %
IAI (1990)	52 %	18 %	21 %	9,0 %	-

Quelle: leicht verändert nach Pieper, Antje: Produktivkraft Information, Köln 1986, S. 28 und Staudt, Erich / Bock, Jürgen / Mühlemeyer, Peter: Informationsverhalten von innovationsaktiven kleinen und mittleren Unternehmen, in: Zeitschrift für Betriebswirtschaft, Sonderdruck, Nr. 9, Sept. 1992, S.1000.

---

[197] vgl. o.V.: Rat ohne Reue, in: absatzwirtschaft 8/94, S. 93.
[198] vgl. zu den folgenden Ausführungen Pieper, Antje: a.a.O., S. 18 und S. 27 ff.
[199] vgl. Pieper, Antje: a.a.O., S. 31 ff.
[200] vgl. zu den folgenden Ausführungen Staudt, Erich / Bock, Jürgen / Mühlemeyer, Peter: a.a.O., S. 991 und S. 1000 ff.

Die ermittelten Zahlen für persönliche Kommunikation und Printmedien sind nahezu iden-
tisch, während für die externe Beratung geringfügige Unterschiede festzustellen sind. Da
vom IAI Patent- und Datenbanken als eine Kategorie genannt werden, das IW jedoch in
Datenbanken und Patent- und Umweltinformationen (über verschiedene Informationswege
abfragbar) unterscheidet, ist hier ein Vergleich schwieriger.

Eine weitere empirische Analyse zum Informationsverhalten der KMU bei Produktinnovationen aus dem Jahre 1991 stützt ihre Ergebnisse auf die Auswertung von 285 Frage-
bögen, die von Unternehmen der Maschinenbaubranche und Elektroindustrie beantwortet
wurden.[201] In dieser Untersuchung wurden nicht nur die einzelnen Informationsquellen
genauer untergliedert, sondern auch ihre Nutzungshäufigkeit abgefragt. Die nachfolgende
Tabelle listet die untersuchten Informationsquellen ihrer Rangfolge nach auf. Die Aussagen
über den Stellenwert der genutzten Informationsquellen stehen mit den o.g. Untersuchungsergebnissen in Einklang. Es wird wieder die herausragende Bedeutung von Kunden,
Lieferanten und Herstellern als Informationsquelle für KMU deutlich, die von 86,3 % der
Unternehmen öfters oder sehr oft in Anspruch genommen werden. Als zweitwichtigster
Informationsweg wurden Messen und Ausstellungen ermittelt. Es gibt kaum Unternehmen,
die diese Informationsmöglichkeit sehr selten oder gar nicht wahrnehmen. Zeitschriften und
Tageszeitungen stehen an dritter Stelle. Fast gleich häufig genutzt wird die Informations-
quelle „Kollegen im eigenen Unternehmen", die auf die Bedeutung der Kommunikation
zwischen Mitarbeitern bei Innovationsprozessen hinweist. Aufgrund relativ überschaubarer
Betriebsabläufe und starker Personengebundenheit in KMU sind die Voraussetzungen einer
unmittelbaren Zusammenarbeit verschiedener Abteilungen im allgemeinen besser als in
Großunternehmen. Die Lösungsmöglichkeiten anstehender Probleme über diesen
Informationsweg sind jedoch aufgrund der begrenzten Mitarbeiterzahl eingeschränkt. Die
Teilnahme an Seminaren, Tagungen und Kongressen dient wenigen Unternehmen (4,6 %)
sehr oft zu Informationszwecken. Kosten und Zeitaufwand dieser Maßnahme, die jedoch
auch bei Ausstellungen und Messen anfallen, scheinen den KMU nicht lohnend. Die Hilfen
von Beratungsstellen und Forschungseinrichtungen bei der Bewältigung von Innovations-
problemen wird von KMU zurückhaltend beurteilt. Ca. 16-17 % der KMU nützen diese Art
der Informationsbeschaffung gar nicht. Als Gründe für dieses Verhalten könnte zum einen
der geringe Nutzen dieser Informationsquellen für die Lösung anstehender Fragen oder aber
die Unkenntnis der KMU vermutet werden. Ähnliches gilt für die beiden anderen kaum

---

[201] vgl. zu den folgenden Ausführungen **Eggert, Axel**: Information und Innovation im industriellen Mittelstand: eine
theoriegeleitete empirische Untersuchung, Frankfurt am Main 1992, S. 245 ff.

genutzten Informationsquellen, Patente und Datenbanken. Knapp 20 % der Unternehmen nutzen Patentinformationen überhaupt nicht; für Datenbanken liegt dieser Anteil sogar doppelt so hoch.

Tabelle 12:
Nutzung der Informationsquellen in %

Informationsquelle	gar nicht	sehr selten	selten	öfter	sehr oft	keine Angabe
Kunden/Lieferanten/ Hersteller	1,8	2,1	6,7	40,0	46,3	3,2
Messen/Ausstellungen	0,7	1,1	13,3	48,8	33,3	3,2
Zeitschriften/Tageszeitungen	1,8	7,0	14,4	43,5	29,5	3,9
Kollegen im Unternehmen	3,5	4,6	15,4	47,4	23,9	5,3
Seminare/Tagungen/ Kongresse	7,0	15,1	31,2	37,9	4,2	4,6
Beratungsstellen	16,1	26,7	30,5	20,7	1,4	4,6
Patentamt/-schrift/-anwalt	19,6	21,8	22,5	24,6	7,4	4,2
Forschungseinrichtungen	17,2	24,9	26,3	23,9	4,2	3,5
Externe Datenbanken	41,1	31,9	17,5	5,3	0,4	3,9

Quelle: Eggert, Axel: Information und Innovation im industriellen Mittelstand: eine theoriegeleitete empirische Untersuchung, Frankfurt am Main 1992, S. 246.

Interessante zusätzliche Aussagen liefert die Untersuchung über Unterschiede in der Nutzung verschiedener Informationsquellen zwischen innovativen und nicht-innovativen Unternehmen (genauer unterteilt in nicht innovative, mittel innovative und hoch innovative Unternehmen).[202] Während die Informationsquelle „Kunden/Lieferanten/Hersteller" bei allen drei Gruppen mittelständischer Unternehmen an erster Stelle liegt und mit zunehmender Innovationstätigkeit auch an Bedeutung gewinnt, sind für die anderen Informationsquellen einige Unterschiede feststellbar. Die Nutzung von Zeitschriften und Tageszeitungen steigt kontinuierlich an und ist bei den hoch-innovativen Unternehmen sogar gleichbedeutend mit der Informationsgewinnung durch Kunden-, Lieferanten- und Herstellerkontakte. Beratungsstellen werden von innovativen Unternehmen zunehmend geringer genutzt, während hingegen die Bedeutung von Forschungseinrichtungen mit stärkerer Innovations-

---

[202] vgl. Eggert, Axel: a.a.O., S. 243-244.

orientierung ansteigt. Bemerkenswert ist jedoch, daß die Nutzung von externen Datenbanken bei allen drei Unternehmensgruppen auf dem letzten Platz bleibt. Insbesondere die nicht-innovativen und die hoch-innovativen Unternehmen lehnen den Untersuchungsergebnissen zufolge die Nutzung von Datenbanken in starkem Maße ab. Unter diesen beiden Unternehmensgruppen befand sich kein einziges Unternehmen, das seinen Datenbankeinsatz als „sehr oft" charakterisierte.

3.1.2 Datenbanken

Wie bereits aus der Darstellung traditioneller Informationsquellen hervorgeht, werden Datenbanken von KMU nur in geringem Umfang zur Informationsbeschaffung genutzt. Es besteht trotz leicht abweichender Untersuchungsergebnisse Übereinstimmung darin, daß der Anteil der Datenbanken an den externen Informationsquellen in jedem Fall unter 10 % beträgt. Die auf herkömmlichem Wege erreichbaren Informationen werden meist als ausreichend empfunden und die bereits oben aufgezeigten Vorteile (vgl. C.II.2.3.2) der Datenbanknutzung unterschätzt. Es ist jedoch zu beachten, daß Datenbanken andere Informationsquellen nicht ersetzen können, da sie ja lediglich Beiträge aus Fachzeitschriften, Bücher, Vorträge und Reden erfassen, systematisieren und für die Recherche aufbereiten.[203] Sie stellen also nur einen neuen Vertriebsweg und ein gutes Hilfsmittel dar und sind als Ergänzung zu herkömmlichen Informationsbeschaffungswegen anzusehen. Die Hoffnung, brauchbare Informationen „auf Knopfdruck" (wie von einigen Hosts geworben wird) zu erhalten, wird oft enttäuscht. Datenbanken sind kein Allheilmittel für die Lösung von Informationsproblemen.[204] Am ehesten werden Datenbanken von KMU im Falle der Produkt- und Marktentwicklung und bei Exportgeschäften herangezogen.[205] Sie werden in diesem Zusammenhang durchaus als sinnvoll angesehen, um Kooperationspartner zu suchen und Auskünfte über andere Firmen zu erhalten. Wie jedoch aus den unter C.II.3.1.1 dargestellten Untersuchungen hervorgeht, spielen Datenbanken auch für innovative KMU im Vergleich zu anderen Informationsquellen eine untergeordnete Rolle. Beschränken sich die Aktivitäten von KMU auf regionale Märkte, können über die internationalen Online-Datenbanken keine Informationen beschafft werden. Diese Funktion erfüllen Kunden, Lieferanten und Außendienstmitarbeiter bisher besser. Datenbanken für den lokalen Markt befinden sich allerdings im Aufbau.[206] Die geringe Datenbanknutzung hängt auch mit dem oftmals

---

[203] vgl. **Sandmaier, Wolfgang**: a.a.O., S. 120.
[204] vgl. auch **von Falkenhausen, Hasso**: Informationen aus Datenbanken: Rohstoff für die Zukunftssicherung, in: technologie&management 2/88, S. 18 und o.V.: Arbeitsmittel, kein Zauberkasten, in: Online 5/88, S. 45.
[205] vgl. **Pieper, Antje**: a.a.O., S. 30.
[206] Gespräch mit Herrn Dipl.-Ing. Thomas Einsporn, Institut der deutschen Wirtschaft

sporadischen Informationsbedarf der KMU zusammen. Die o.g. Entscheidungssituationen, die mit erheblichem Informationsmehrbedarf verbunden sind, treten in der Regel nur in langen zeitlichen Abständen auf. Eine Bereitschaft zur Dauerinformation aus Datenbanken ist in KMU meist nicht vorhanden.[207] Im Verlauf des Modellversuchs MIKUM (siehe E.I.2) konnte die Vermutung bestätigt werden, daß Datenbanken, deren Nutzen für KMU unmittelbar zu erkennen ist, auf ein größeres Interesse stoßen. Zu diesen Informationsdiensten gehören vor allem die Patentdatenbanken, aber auch Firmeninformationen und Lieferverzeichnisse, die schon seit längerer Zeit als Printmedien genutzt werden und mittlerweile online verfügbar sind.

3.2   Der Informationsbedarf

In der Literatur wird der Begriff Informationsbedarf auf unterschiedliche Weise bestimmt. Nach Szyperski äußert er sich in der *„Art, Menge und Qualität der Informationsgüter, die ein Informationssubjekt im gegebenen Informationskontext zur Erfüllung einer Aufgabe in einer bestimmten Zeit und innerhalb eines gegebenen Raumgebietes benötigt".*[208] Der Informationsbedarf kann aus verschiedenen Perspektiven beurteilt werden.[209] Man unterscheidet zwischen dem aufgabenbezogenen, objektiven Informationsbedarf und dem individuellen, subjektiven Informationsbedürfnis. Die subjektive Informationsnachfrage ist stets eine Teilmenge des subjektiven Informationsbedürfnisses und steht in engem Zusammenhang mit dem vorhandenen Informationsangebot. Aufgabe und Subjekt können als primäre Determinanten des Informationsbedarfs bezeichnet werden. Die sekundären Bestimmungsfaktoren des Informationsbedarfs umfassen Raum, Zeit, Informationskontext, intra- und interindividuelle Problemlösungsprozesse, datentechnische Abbildung sowie den Informations Retrieval.[210] Da der Informationsbedarf sowohl zeitlichen als auch inhaltlichen Veränderungen unterliegt, ist gleichzeitig eine langfristige Grundabdeckung und das kurzfristige Agieren und Reagieren im unvorhergesehenen Bedarfsfall erforderlich.[211] Charakteristisch für den Informationsbedarf ist, daß er sich im Laufe des Aufgabenerfüllungsprozesses mit der zunehmenden Einsicht in das Problem und dessen Lösungsmöglichkeiten wandelt.

---

[207] vgl. **Pieper, Antje**: a.a.O., S. 30.
[208] vgl. **Szyperski, Norbert**: Informationsbedarf, in: Grochla, Erwin (Hrsg.): Handwörterbuch der Organisation, 2. völlig neu gestaltete Auflage, Stuttgart 1980, Sp. 904.
[209] vgl. zu den folgenden Ausführungen **Szyperski, Norbert**: Informationsbedarf..., S. 905-906.
[210] vgl. auch **von Spiegel, Josephin**: a.a.O., S. 11-16.
[211] vgl. **Kroll, Hartmut**: Informationsvermittlung in der Industrie - Grundzüge eines betrieblichen Fachinformationssystems, 3. Auflage, Köln 1990, S. 32.

Die aufgeführten Merkmale verdeutlichen, wie unterschiedlich und vielschichtig sich der Informationsbedarf der KMU darstellen kann. So ist bspw. der Standort des Unternehmens im Veredelungsprozeß ausschlaggebend dafür, welche Informationen benötigt werden.[212] Unternehmen, die der Ur- oder Rohstoffproduktion zuzuordnen sind, haben einen höheren Bedarf an originärer Information als anwendungsorientierte Unternehmen mit Serien-, Einzel- und Auftragsproduktion, die auf ihren überschaubaren Märkten häufig das notwendige Technik- und Marktwissen von ihren Lieferanten erhalten. Oft fällt es aber den Unternehmen selbst schwer, ihren eigenen Informationsbedarf zu erkennen und zu artikulieren. Wenn aber nicht einmal Klarheit über den zu deckenden Informationsbedarf herrscht, gestaltet sich die Auswahl der geeigneten Informationsquellen umso problematischer.

Im folgenden soll versucht werden, die für die wichtigsten Unternehmensbereiche benötigten Informationen und deren Bedeutung für das Unternehmen grob darzustellen. Es kann nur ein sehr allgemeiner Überblick gegeben werden, da es unmöglich ist, sämtliche Konstellationen der Einflußfaktoren auf den Informationsbedarf zu berücksichtigen. Dennoch gibt es Informationen, die grundsätzlich in jedem Unternehmen verfügbar sein müssen, um strategisch richtige Entscheidungen zu treffen. Den höchsten Bedarf an externen Informationen haben in KMU die Unternehmensbereiche Technische Entwicklung und Marketing/Vertrieb sowie die Unternehmensführung.[213] Für die gesamte Unternehmung gilt, daß insbesondere praxisorientierte und problembezogene Informationen benötigt werden.[214]

3.2.1 Informationsbedarf im Bereich Marketing

Grundsätzlich ist der Bereich Marketing vor allem auf gesättigten Märkten von herausragender Bedeutung für das Unternehmen. Für hochspezialisierte Unternehmen reduziert sich zwar im allgemeinen der Bedarf an Informationen über die Nachfrager, wenn ein stark eingegrenztes Kundenpotential bedient wird, jedoch besteht weiterhin der Informationsbedarf über Konkurrenten. KMU, die als Zulieferer tätig sind, benötigen hingegen besonders dringend Informationen über Kunden oder öffentliche und kommerzielle Ausschreibungen. Die meisten Unternehmen befinden sich zwischen den beiden Extremen des vollständigen Wissens um ein begrenztes Nachfragepotential und der absoluten Unkenntnis über ihre Kunden.

---

[212] vgl. **Pieper, Antje**: a.a.O., S. 13.
[213] vgl. **FIZ Technik e.V.**: a.a.O., S. 8.
[214] vgl. bspw. **Finke, Renate**: Die Auswertung technisch-wissenschaftlicher Informationen bei Unternehmensentscheidungen in mittelständischen Betrieben der Verbrauchsgüterindustrie, Opladen 1980, S. 4-5.

Auch heute noch wird von vielen Unternehmen der Fehler begangen, bestimmte Produkte zunächst herzustellen und erst anschließend ihren Absatz zu organisieren. So kann es passieren, daß am Bedarf vorbei produziert wird und die Produkte aufgrund mangelnder Nachfrage nicht verkauft werden können. Erfolgreiches Marketing zeichnet sich dadurch aus, daß im Vorfeld unternehmerischer Entscheidungen unbefriedigte Nachfragepotentiale und Marktnischen aufgespürt werden. Dazu ist eine Vielzahl von Informationen notwendig. Die Dringlichkeit der Informationsversorgung nimmt zu mit der Anzahl und Heterogenität der Abnehmer, der geographischen Ausdehnung der Märkte, der Marktdynamik und Marktintransparenz.[215] Im Marketingbereich werden vor allem Informationen über gegenwärtige und potentielle Märkte, Konkurrenten und Kunden gebraucht, um geeignete Marketingstrategien zu wählen. Besonders schwierig sind gesicherte Daten über das *Nachfragepotential und -verhalten* und den *Produkt- und Preiswettbewerb* zu erhalten. Darüber hinaus stellen sämtliche Informationen, die für den *Absatz auf Auslandsmärkten* notwendig sind, einen Engpaß in der Informationsversorgung dar. Im Bereich Kundenbedarf und Nachfrageverhalten werden Informationen unterschiedlicher Ausprägung benötigt. Für KMU, deren Tätigkeit sich auf lokale oder regionale Märkte beschränkt, sind Erkenntnisse über regionale Geschmäcker, spezifische Vertriebswege und kompetente Ansprechpartner von höchster Bedeutung. KMU, die als Zulieferer tätig sind, haben besonderes Interesse an Auskünften über Investitionsprojekte, die ihnen als Anknüpfungspunkte für Angebotsabgaben dienen können. Erhöhter Informationsbedarf ergibt sich auch im Hinblick auf Exporttätigkeiten, da vor allem die generelle Struktur der Auslandsmärkte häufig unklar ist. Darüber hinaus müssen sowohl Zoll- und Steuerbestimmungen als auch Besonderheiten im Nachfrageverhalten beachtet werden. Es reicht nicht aus, das im eigenen Land erfolgreiche Marketingkonzept auf den Auslandsmarkt zu übertragen. Alle Umweltfaktoren müssen einer erneuten Analyse unterzogen werden. Diese Anforderungen sind jedoch schwer zu erfüllen, da die relevanten Informationen im Ausland oft noch schwieriger zu erhalten sind. Einen hohen Informationsbedarf haben KMU darüber hinaus im Bereich Produkt- und Preiswettbewerb. Vor allem in unübersichtlichen und schnellebigen Branchen sind weder Konkurrenzprodukte noch deren Preise transparent. Darüber hinaus sind für das systematische Finden neuer Anwendungsbereiche bestehender Vorprodukte zahlreiche Informationen erforderlich. Parallel zur Suche nach neuen Einsatzmöglichkeiten müssen jedoch alle Anzeichen einer Substitutionskonkurrenz beobachtet werden. Verstärkt wird der Informationsbedarf im Marketingbereich außerdem dadurch, daß eine Vielzahl von Informationen zukunftsgerichtet sein muß, da künftige Anforderungen und Entwicklungen

---

215 vgl. zu den folgenden Ausführungen Szyperski, Norbert u.a.: Die Informationsversorgung..., S. 74ff.

antizipiert werden müssen, um frühzeitige Reaktionen zu ermöglichen. Die für KMU relevanten Prognosen sind extern jedoch oft nicht verfügbar, weil der oft kleine Interessentenkreis in keinem Verhältnis zum Aufwand zur Erstellung der Studien steht. Erschwerend kommt hinzu, daß die Möglichkeiten und Mittel, eigene Marktforschungsstudien in Auftrag zu geben, für KMU sehr begrenzt sind.

3.2.2 Informationsbedarf im Bereich Forschung und Entwicklung

Aufgrund der Interdependenzen zwischen den Bereichen F&E und Marketing ist der Bedarf an F&E-Informationen von ähnlich großer Bedeutung für die Gesamtunternehmung wie der Bedarf an Marketinginformationen.[216] Er hängt jedoch von einigen wesentlichen Determinanten ab, deren Ausprägung und Zusammenspiel eine Vielzahl unterschiedlicher Bedarfskonstellationen bedingt, so daß kein typischer Informationsbedarf der KMU abgeleitet werden kann. Es ist auf der einen Seite die Dominanz des F&E-Bereichs gegenüber anderen Funktionsbereichen denkbar (z.B. in der Chemie- und Pharmabranche), auf der anderen Seite gibt es auch Unternehmen, für die F&E-Informationen eine geringe Bedeutung haben (z.B. Handels- und Dienstleistungsunternehmen). Zu den wichtigsten Einflußfaktoren zählen

- die Innovationsrate und Entwicklungsgeschwindigkeit der Branche
- die eigene technische Position und Marktstellung
- das eigene Forschungspotential
- die Nähe zum Endverbraucher
- das Maß der gesetzlichen Regelung und Standardisierung
- das Risiko einer Produzentenhaftung.[217]

Ganz allgemein läßt sich feststellen, daß die Langfristigkeit von Substitutionsprozessen oft einen weniger dringenden Bedarf an F&E-Informationen bewirkt. Dagegen erhöht die zunehmende Dynamik und Diskontinuität des Unternehmensumfelds die Anforderungen an das Adaptionsverhalten des Unternehmens und den F&E-Bereich. Eine besonders wichtige Rolle spielen Informationen über Patente. Zur Vermeidung von Doppelforschung sollte vor dem Beginn jeder Eigenentwicklung geklärt werden, ob bereits ein Patent existiert und wie lange und in welchen Ländern dieses Gültigkeit besitzt. Als problematischer erweist sich jedoch der Bedarf an Informationen über neue Entwicklungen im Ausland und speziellen Informationen, der oft nur teilweise befriedigt werden kann.

---

[216] vgl. **Szyperski, Norbert u.a.**: Die Informationsversorgung..., S. 104.
[217] vgl. **Szyperski, Norbert u.a.**: Die Informationsversorgung..., S. 101.

54

3.2.3 Informationsbedarf im Bereich Produktion

Bezieht man den Begriff der Produktion nicht nur auf Sachgüter, sondern faßt auch Dienstleistungen unter diesen Bereich, so ergibt sich für jedes Unternehmen mit Ausnahme des Handels die Bedeutung des Funktionsbereichs Produktion als Bedingung der Unternehmensexistenz. Es besteht ein enger Zusammenhang zwischen den Bereichen F&E, Produktion und Absatz, da sie die wesentlichen Phasen eines Innovationsprozesses determinieren.[218] Bspw. können Umstellungen des Produktionsablaufes aus veränderten Kundenwünschen resultieren. Die Hauptprobleme im Bereich Produktion konzentrieren sich auf die Beherrschung verfahrenstechnischer Abläufe und die Verfügbarkeit des entsprechenden Know-hows. Steigender Kostendruck und Preiswettbewerb stellen hohe Anforderungen an den Produktionsprozeß. Es werden zum einen Erkenntnisse über Rationalisierungs- und Automatisierungsmöglichkeiten sowie neue Methoden und Fertigungsverfahren gebraucht. Darüber hinaus müssen Garantiepflichten und Gefahren der Produzentenhaftung beachtet werden.[219] Neben Qualitätsstandards und Normung spielen in zunehmendem Maße Umweltauflagen eine wichtige Rolle bei der Informationsbeschaffung für den Bereich Produktion.

3.2.4 Informationsbedarf im Bereich Beschaffung

Abhängig von der Bedeutung des Teilgebietes Beschaffung für das Unternehmen kann der Informationsbedarf durch eine unterschiedliche Dringlichkeit gekennzeichnet sein. Er ist im Gegensatz zum Marketing für einige Unternehmen von weniger großer Relevanz. Diese Situation ist insbesondere dann gegeben, wenn die Geschäftstätigkeit durch weitgehende Normung eingeschränkt ist oder langfristige Lieferkontrakte bei konstanten Anforderungen an die Einsatzstoffe bestehen.[220] Die Ausprägung des Informationsbedarfs in diesem Unternehmensbereich wird vor allem von dem Grad der Rohstoffabhängigkeit beeinflußt. Generell spielen Informationen über Beschaffung in Unternehmen mit geringer Wertschöpfung und vor allem in Handelsbetrieben eine äußerst wichtige Rolle. Die wesentlichen Fragen betreffen Art und Menge des Angebots, Qualitätsmerkmale und Preisentwicklungen von Rohstoffen, Vorprodukten und Handelswaren. Im Falle importierter Güter werden zusätzlich Informationen zu den Importbestimmungen und dem politischen Klima in

---

[218] vgl. zur Prozeßcharakteristik von Innovationen Staudt, Erich / Bock, Jürgen / Mühlemeyer, Peter: a.a.O., S. 997: als Phasen des Innovationsprozesses können Forschung und Entwicklung inkl. Such- und Bewertungsprozeß, Produktion inkl. Vorbereitung, Markteinführung inkl. Absatzvorbereitung aufgefaßt werden.
[219] vgl. Szyperski, Norbert u.a.: Die Informationsversorgung..., S. 195.
[220] vgl. zu den folgenden Ausführungen Szyperski, Norbert u.a.: Die Informationsversorgung..., S. 85-86.

den Erzeugerländern benötigt. Fallweise werden darüber hinaus in jedem Unternehmen Informationen über Beschaffung für Fuhrpark, EDV und Büroausstattung gebraucht. Die Auswahl des geeigneten Lieferanten und das Sichern einer möglichst langfristigen Zusammenarbeit ist für KMU von herausragender Bedeutung, da sie als wichtige Informationsquelle angesehen werden.

3.2.5 Informationsbedarf im Bereich Finanzierung

Finanzierungsprobleme sind in besonderer Weise kennzeichnend für KMU, da sie im Gegensatz zu Großunternehmen kein Kapital über den Kapitalmarkt beschaffen können. Hinzu kommt, daß Finanzexperten im Unternehmen oft nicht vorhanden sind, so daß KMU in starkem Maße auf externe Beratung und Information angewiesen sind. Von besonderem Interesse sind Informationen über die verschiedenen Finanzierungsmöglichkeiten und die Gewährung von Krediten und Darlehen. Es erweist sich oft als schwierig, die Konditionen der verschiedenen Institutionen zu überblicken und das geeignete Angebot auszuwählen.[221] Darüber hinaus herrscht in diesem Bereich ein Bedarf an Informationen über Subventionen, der jedoch angesichts der unüberschaubaren Vielfalt an öffentlichen Finanzierungshilfen oft kaum gedeckt werden kann. Die Problemlage wird vor allem dann verschärft, wenn das Unternehmen ein Auslandsengagement plant.

3.2.6 Informationsbedarf im Bereich Betriebswirtschaft

Abgesehen von den bereits angesprochenen Funktionsbereichen sind Informationen im engeren kaufmännisch-administrativen Bereich notwendig, unter dem hier Rechnungswesen, Steuern, juristische Probleme, Organisation, EDV und Personalbereich verstanden werden sollen. Informationen über Fragen des Steuerrechts sind in besonderem Maße durch das Phänomen „Mangel im Überfluß" gekennzeichnet und vor allem bei steuerrechtlichen Einzelfragen schwierig zu beschaffen.[222] Ähnliche Schwierigkeiten können bei der Suche nach einem spezialisierten Rechtsbeistand auftreten. Im Personalbereich besteht oft ein mangelhafter Überblick über das Personalangebot und Gehaltsstrukturen. Die systematische Suche nach qualifizierten Mitarbeitern findet häufig nicht statt, Personaleinstellungen werden eher über Empfehlungen und Beziehungen vorgenommen. Probleme der organisatorischen Gestaltung sind in KMU weniger akut. Insbesondere kleine Unternehmen weisen

---

[221] vgl. hierzu auch **Doré, Dominique M.**: Databases for small business?, in: 8th International Online Information Meeting, London 4-6 December 1984, Oxford 1984, S. 60.
[222] vgl. **Szyperski, Norbert u.a.**: Die Informationsversorgung..., S. 118.

häufig einfache Strukturen auf (bspw. die Zweiteilung in einen Verwaltungs- und einen Produktionsbereich). Gelegentliche Schwierigkeiten treten am ehesten dann auf, wenn mit regional verstreuten Betriebsstätten gearbeitet wird. Einen extrem hohen Informationsbedarf weisen KMU häufig im EDV-Bereich auf, wenn keine eigenen Experten verfügbar sind.

3.3 Deckungsmöglichkeiten des Informationsbedarfs durch Datenbanken

Der unter C.II.3.2 aufgezeigte Informationsbedarf in den verschiedenen Unternehmensbereichen kann durch unterschiedliche Quellen gedeckt werden (vgl. C.II.3.1). Datenbanken können andere Informationsquellen nicht ersetzen, sind aber in einigen Bereichen als sinnvolle Ergänzung anzusehen. Insbesondere wenn es um Auslandsinformationen geht, können Datenbanken Informationsdefizite ausgleichen, da sie den einfachen Zugang zu den weltweit verfügbaren Informationen verschaffen können. Oft wird argumentiert, daß KMU Datenbanken nicht nutzen, weil das vorhandene Angebot nicht auf ihre Bedürfnisse zugeschnitten sei: die inhaltliche Qualität weise Mängel auf und für bestimmte Fragen werden einfach keine Lösungen über Online-Datenbanken angeboten.[223] Darüber hinaus herrscht aufgrund des vielfältigen, sich ständig ändernden Datenbankangebots keine Transparenz. Aus Unkenntnis der verfügbaren Online-Informationen wird oft gar nicht erst der Versuch unternommen, den Informationsbedarf mittels dieser Informationsquelle zu decken. Im folgenden sollen für die einzelnen Unternehmensbereiche Möglichkeiten und Grenzen des Datenbankeinsatzes aufgezeigt werden.

3.3.1 Bereich Marketing

Die Verfügbarkeit eines externen Informationsangebotes für den Marketingbereich steht in engem Zusammenhang mit der Marktsituation, in der sich das Unternehmen befindet.[224] Zunächst ist festzustellen, daß für relativ überschaubare Märkte kaum marktbezogene Informationsdienstleistungen angeboten werden. So gibt es auf oligopolistischen Märkten kaum ein Angebot an Konkurrenzinformationen. Dagegen besteht ein reichhaltiges Angebot, wenn der Informationsbedarf einer ganzen Branche mit vielen Unternehmen gleichartig ausgerichtet ist, da für die Informationsanbieter das Interesse an der Informationsbereitstellung mit dem vorhandenen Nachfragepotential steigt. Für an sich

---

[223] vgl. auch **Schmidt, Ralph:** a.a.O., S. 119.
[224] vgl. zu den folgenden Ausführungen **Szyperski, Norbert u.a.:** Die Informationsversorgung..., S. 80 ff.

intransparente Branchen mit vielen Anbietern und Produkten (z.B. die Pharmabranche) gibt es daher ein stark ausgeprägtes externes Informationsangebot. Es wird vermutet, daß viele KMU kein adäquates Angebot vorfinden, da ihr Marktsegment für kommerzielle Anbieter nicht attraktiv genug ist.

Besonders für die Gewinnung von *Konkurrenzinformationen* ziehen KMU vielfach informelle Informationsquellen heran. Jedoch gestaltet sich die Informationsgewinnung schwierig, weil naturgemäß in diesem Bereich die Bereitschaft zum Erfahrungsaustausch sehr gering ist. Oft gehen die Unternehmen deshalb bei ihrer Informationssuche sehr unsystematisch vor und stützen sich auf pragmatische Konkurrenzbeobachtung und Branchenklatsch. Allerdings kann der Bedarf an Konkurrenzinformationen auf diese Weise nur unzureichend gedeckt werden. Die Zuhilfenahme von Datenbanken kann dazu beitragen, ein genaueres Bild über die Entwicklung des Konkurrenzverhaltens zu erhalten.

Zunächst können Firmendatenbanken als Anhaltspunkt genommen werden, obwohl sich ihre Auskünfte oft auf die Angabe von Größe, Umsatz und Standort der Unternehmen beschränken. Außerdem kann über die Eingabe des Produktcodes schnell herausgefunden werden, welche Unternehmen national und international im gleichen Bereich Produkte herstellen.[225] Sinnvoll sind für eine solche Recherche insbesondere die Hoppenstedt Datenbank (national) und die Dun&Bradstreet-Datenbanken (international). Es existieren aber auch Datenbanken, über die ziemlich detaillierte Daten erhältlich sind. Die Datenbank Creditreform bspw. enthält über 470.000 Profile von Großunternehmen und KMU, die abgesehen von den üblichen Angaben über Rechtsform, Gründungsjahr, Eigentumsverhältnisse, Management, Beschäftigte, Produkte/Dienstleistungen informieren.[226] In der Datenbank INVESTEXT können zumindest über die Branchenführer weiterführende Informationen (Gewinnprognosen, Marktanteile, Ausgaben für Forschung und Entwicklung von weltweit ca. 14.000 Industrieunternehmen) gewonnen werden.[227] Wie bereits aufgezeigt wurde, werden Fachzeitschriften von KMU als Informationsquellen für sehr sinnvoll erachtet. Viele der wichtigen Zeitungen oder Branchenpublikationen sind mittlerweile auch als Volltextdatenbanken verfügbar (bspw. in der Datenbank KOBRA, s.o.). Die gewünschten Informationen über Konkurrenten und Märkte können dort nach bestimmten Suchkriterien und deren Verknüpfung einfacher selektiert werden als bei Printmedien.

---

[225] vgl. auch **Klems, Michael**: a.a.O., S. 144 ff.
[226] vgl. **Knight-Ridder Information**: Database Catalogue 1995, DataStar Knight-Ridder Information, Bern 1995, S. 28.
[227] vgl. **FIZ Karlsruhe / STN Service-Zentrum Europa** (Hrsg.): 10 Jahre STN International - Datenbanken aus Wissenschaft und Technik, Karlsruhe 1994, S. 33.

Auch wenn keine direkten Informationen über Strategien der Konkurrenz angeboten werden, kann es nützlich sein, diese aus Datenbankinformationen (bspw. Patente, Beteiligungen, Forschungsprojekte...) zu erschließen. So ergab bspw. eine Umfrage bei Kunden von TED, daß diese Datenbank über EG-Ausschreibungen häufiger zur Konkurrenz-, Markt- und Preisbeobachtung als zum Einreichen von Angeboten genutzt wird.[228] Darüber hinaus kann eine Patentdatenbank-Recherche helfen, Konkurrenzverhalten zu analysieren. Sie gibt Aufschluß darüber, in welchen Bereichen Unternehmen Anmeldungen vornehmen und kann darauf hinweisen, auf welche Technik die Konkurrenz in Zukunft vermutlich setzt.[229]

Informationen über *lokale und regionale Märkte* gewinnen KMU am sinnvollsten über ihre Kunden, Lieferanten und Außendienstmitarbeiter. Lediglich zur groben Orientierung können Datenbanken herangezogen werden, bspw. wenn es darum geht, die Einkommens- und Vermögenssituation, Bevölkerungsstruktur oder Marktvolumina bestimmter Regionen zu erfassen (bspw. in BBE-Kaufkraft-Kennziffern, BBE-Bevölkerungs-Prognose, BBE-Marktpotentiale bei GENIOS). Die regionale Wirtschaftspresse wird jedoch in zunehmenden Maße bei den Hosts GENIOS und GBI berücksichtigt. GBI hat in seiner Datenbank KOBRA regionale Wirtschaftspublikationen als Volltextversionen erfaßt. Auch der zweite große Wirtschaftshost GENIOS bietet spezielle Datenbanken für den Bereich Regional-& Kommunalinformationen an, die unter anderem die regionale Wirtschaftspresse berücksichtigen (bspw. REGIOS mit 30 führenden Regionalzeitungen).[230] Ansonsten können Datenbanken den Bedarf der KMU nach sehr speziellen regionalen und lokalen Informationen i.d.R. nicht decken, da das Online-Angebot nach wie vor von amerikanischen Datenbanken dominiert wird und außerdem für eng eingegrenzte Märkte kein ausreichend großer Kundenkreis für kommerzielle Anbieter besteht.[231] Jedoch stellen sie aus eben diesen Gründen für die Erlangung von *Exportinformationen* ein geeignetes Mittel dar. Bisher spielen die Informationsquellen im Ausland selbst, Messen, Banken, Verbände und Industrie- und Handelskammern für exportierende KMU eine wichtige Rolle.[232] Für spezielle Probleme der Abwicklung von Exportgeschäften werden vor allem Banken als kompetente Ansprechpartner geschätzt.[233] Informationen über konkrete Absatzchancen, vor allem in weiter entfernten Regionen wie Afrika, Australien und Fernost, können jedoch über diese Informationswege nicht erbracht werden. Dieser Anforderung können auch

---

[228] vgl. **Müller, Patrick**: Unternehmen rüsten sich für 1993, in: Cogito 4/90, S. 30.
[229] vgl. auch o.V.: Erfindern in die Akten geschaut, in: Handelsblatt Nr. 95 vom 17.05.1995, S. B 6.
[230] vgl. **GENIOS-Assistent für Windows** - Das Genios-Datenbanklexikon, Ausgabe 2. Halbjahr 1994.
[231] vgl. zu den folgenden Ausführungen **Doré, Dominique M.**: a.a.O., S 61.
[232] vgl. auch **Schwarting, Uwe / Thoben, Christa / Wittstock, Matthias**: a.a.O., S. 59.
[233] vgl. zu den folgenden Ausführungen **Szyperski, Norbert u.a.**: Die Informationsversorgung..., S. 84.

59

Online-Datenbanken sicherlich nicht gerecht werden. Sie sind allerdings in der Lage, die allgemeine Informationssituation der Unternehmen zu verbessern, da weltweit vorhandenes Wissen, das bisher nur sehr umständlich zu erhalten war, über Datenbanken auf einfachem Wege zugänglich ist. Der Host GBI bietet bspw. im Bereich „Branchen&Märkte" zahlreiche Datenbanken an, die Auslandsinformationen enthalten.[234] Neben einer Nachweisdatenbank für Marktstudien (MARKET) und europaspezifischen Datenbanken (EUROM, DTES) können über die Volltextdatenbank BFAM Informationen über Märkte im Ausland und Marktanalysen abgerufen werden. Datenbanken der Bundesstelle für Außenhandelsinformation werden über die Hosts GENIOS und FIZ-Technik angeboten.

Das Auffinden von Marktnischen und Entdecken *neuer Kundenpotentiale* können Datenbanken dem Unternehmer zwar nicht völlig abnehmen, aber zumindest wertvolle Hilfe leisten. Als Informationsquelle für öffentliche Aufträge kann die Datenbank TED des Hosts ECHO[235] herangezogen werden, die Ausschreibungen öffentlicher Bau-, Liefer- und Dienstleistungsaufträge, Vorankündigungen geplanter Ausschreibungen sowie Ergebnisse von Ausschreibungen enthält. Sie wird täglich aktualisiert und ermöglicht somit dem Nutzer einen Zeitvorsprung gegenüber den Lesern des Amtsblatts der EU. Für die gezielte Ansprache eines bestimmten Kundenkreises ist in vielen Großunternehmen mittlerweile die Zuhilfenahme einschlägiger Datenbanken unverzichtbar geworden. Die Vorteile der Datenbanknutzung treten bei dieser Anwendung besonders deutlich hervor: Die Verknüpfung von mehreren Kriterien (bspw. Umsatz, Beschäftigtenzahl, Branche, Postleitzahl...) bewirkt eine effiziente Zielgruppenselektion, die in der traditionellen Informationsbeschaffung kaum zu leisten ist.[236] Manche Anbieter übernehmen die Zusammenstellung der gewünschten Adressen und liefern diese auf Diskette oder in anderer Form. Auch für KMU kann das Auswählen potentieller Kunden für Mailings auf diese Art und Weise erleichtert werden. Sinnvolle Datenbanken für die Kundenakquisition stellen bspw. Creditreform, die Hoppenstedt-Datenbank „Große und Mittelständische Unternehmen in Deutschland" und das online verfügbare ABC der deutschen Wirtschaft dar.

---

[234] vgl. **Gesellschaft für betriebswirtschaftliche Information mbH**: GBI - Die Datenbanken für Presse, Wirtschaft, Management, München 1994, S. 3.
[235] European Commission Host Organisation, eine ausführlichere Darstellung erfolgt unter E.II.
[236] vgl. hierzu bspw. **Verlag Hoppenstedt GmbH**: Für den direkten Weg zum Entscheider - Katalog 1994/1995 der Hoppenstedt Wirtschaftsdatenbank, Darmstadt 1994, S. 2-4.

3.3.2 Bereich Forschung und Entwicklung

Zur Erlangung der benötigten F&E-Informationen werden in herausragendem Maße Sekundärinformationsquellen herangezogen, da deren Hinweis- und Nachweisfunktion die Handhabung des vielfältigen Informationsangebots vereinfachen kann.[237] Daß die Informationen aus Datenbanken für F&E-Tätigkeiten besonderen Nutzen bringen, zeigt die allgemein hohe Nutzungsintensität in diesem Unternehmensbereich (vgl. bspw. Ergebnisse des Modellversuchs MIKUM, E.I.2).

Insbesondere die weltweite Patentliteratur ist von größter Bedeutung als Ideenspeicher und zur Vorbereitung von Forschungs- und Entwicklungsvorhaben. Patentschriften enthalten äußerst detaillierte technische Informationen, die insbesondere für hochspezialisierte KMU von großem Nutzen sein können.[238] Aus Sicht der KMU kann die Flut von Patenten jedoch oft mangels qualifizierter personeller Ressourcen nicht ausreichend erschlossen werden.[239] Die Inanspruchnahme von Patentdatenbanken kann in diesem Falle eine wertvolle Hilfe sein, da vor allem die Möglichkeiten einer mehrdimensionalen Suche nach verschiedenen Kriterien hier sehr nützlich sind. Für den Bedarf an Patentinformationen existiert bereits seit einiger Zeit ein gut entwickeltes Datenbankangebot, das auch für KMU präzise Informationen bereithält.[240] Es sind sowohl deutsche als auch europäische und internationale Patentdatenbanken verfügbar, die v.a. vom Deutschen Patentamt, dem Wila Verlag (Bertelsmann) und Derwent hergestellt werden. Da teilweise eine wöchentliche Aktualisierung der Datenbanken erfolgt (z.B. PATOSDE, PATDPA, PATDD, WPIDS)[241], kann der häufig bemängelte Zeitverzug zwischen Patentanmeldung und -veröffentlichung umgangen werden.[242] Darüber hinaus können auch nationale und internationale Forschungsprojekte und teilweise deren Ergebnisberichte online abgefragt werden. Bspw. liefert die Datenbank CORDIS der Europäischen Kommission Informationen über sämtliche F&E-Tätigkeiten der EU sowie die daraus hervorgehenden Ergebnisse. Die Datenbank FORKAT des BMFT enthält Informationen über die Förderung von Forschungsvorhaben und technologischen Entwicklungen durch die Bundesregierung.[243] Ebenso können auch von der US-Regierung geförderte Forschungs- und Entwicklungsvorhaben online abgefragt werden (Datenbank NTIS vom National Technical Information Service).[244] Vom FIZ Karlsruhe wird eine

---

[237] vgl. **Szyperski, Norbert u.a.**: Die Informationsversorgung..., S. 110.
[238] vgl. **o.V.**: Große Informationsbestände gezielt durchsuchen - Datenbanken ebnen den Weg zur Patentliteratur, in: VDI-Nachrichten, Heft 17, 27.04.1990, S. 34.
[239] vgl. **Szyperski, Norbert u.a.**: Die Informationsversorgung..., S. 109.
[240] vgl. **Doré, Dominique M.**: a.a.O., S. 60.
[241] vgl. **FIZ Karlsruhe / STN Service-Zentrum Europa**: a.a.O., S. 41 und 48.
[242] vgl. **Szyperski, Norbert u.a.**: Die Informationsversorgung..., S. 109.
[243] vgl. **FIZ Karlsruhe/STN Service-Zentrum Europa**: a.a.O., S. 29.
[244] vgl. **FIZ Karlsruhe/STN Service-Zentrum Europa**: a.a.O., S. 40.

Datenbank (INFOR) hergestellt, die Nachweise über deutsche Forschungsinstitute und deren Projekte enthält.[245]

Technisch-wissenschaftliche Informationen für die verschiedensten Bereiche - Maschinenbau, Textil, Ingenieurwesen, Chemie, Kunststoffe, Pharmazie, Biomedizin, Kraftfahrzeugtechnik u.v.m. - bieten in Deutschland in erster Linie die Hosts FIZ Technik und FIZ Karlsruhe/STN International an.

3.3.3 Bereich Produktion

Im Unternehmensbereich Produktion dominieren in besonderem Maße die verschiedenen informellen Informationsbeschaffungswege und die individuelle Informationssuche.[246] Zusätzlich zur Nutzung von Fachpublikationen und Informationspools für die Abdeckung des Routineinformationsbedarfs wird von KMU der intensive Erfahrungsaustausch oder die Hinzuziehung eines Beraters geschätzt. Datenbanken können in erster Linie für die Beschaffung von Informationen über technische Regeln und internationale Normen hervorragend genutzt werden und sind bspw. beim Host FIZ Technik abfragbar. Das Deutsche Institut für Normung stellt die bibliographische Datenbank DITR (z.T. mit Abstracts) her, die in deutscher Sprache Auskunft über deutsche, österreichische, schweizerische, japanische und US-Normen erteilt.[247] Darüber hinaus werden dort Richtlinien und technisch relevante Rechtsvorschriften der BRD und EG nachgewiesen. Informationen über französische und englische Normen können in den Datenbanken NORIANE und STANDARDLINE bei FIZ Technik gesucht werden.

Um den neuesten Stand aktueller Umweltthemen zu verfolgen, können die vom Umweltbundesamt Berlin hergestellten Datenbanken genutzt werden. So erfaßt bspw. die Umweltrechtsdatenbank (URDB) - abfragbar bei FIZ Technik - das deutsche und europäische Umweltrecht sowie relevante Gerichtsurteile.[248] Literaturnachweise zu Umweltproblemen und Umweltschutz/Umwelttechnik in deutschsprachigen Ländern werden in der Datenbank ULIDAT erfaßt.[249] Über laufende und abgeschlossene F&E-Projekte deutschsprachiger Länder auf dem Gebiet der Umweltforschung wird in der Datenbank UFORDAT informiert.

Insgesamt kann vermutet werden, daß Datenbanken im Bereich Produktion eher zur Beschaffung von Routineinformationen geeignet sind. Sie können insbesondere den

---

[245] vgl. **FIZ Karlsruhe/STN Service-Zentrum Europa:** a.a.O., S. 32.
[246] vgl. **Szyperski, Norbert u.a.:** Die Informationsversorgung..., S. 99.
[247] vgl. **FIZ Technik e.V.:** Online-Service, Datenbanken Januar 1995, Frankfurt 1995, S. 27.
[248] vgl. **FIZ Technik e.V.:** Online-Service..., S. 28.
[249] vgl. **FIZ Karlsruhe/STN Service-Zentrum Europa:** a.a.O., S. 47.

schnellen Überblick über Normen oder die gezielte Durchsicht von Fachpublikationen ermöglichen. Zur Lösung von sehr speziellen und individuellen Problemen sind sie jedoch weniger nützlich, da hier die Funktion des Beraters oder Erfahrungsaustauschs nicht ersetzt werden kann.

3.3.4 Bereich Beschaffung

Eine lange Tradition als Informationsquelle für den Beschaffungsbereich haben Lieferverzeichnisse, Nachschlagewerke und Einkaufsführer. Sie sind in fast jedem Unternehmen als Printprodukte vorhanden. Die Auswahl geeigneter Lieferanten kann in den Online-Versionen dieser Produkte um einiges effizienter vorgenommen werden. Es besteht die Möglichkeit, durch die Eingabe von Produktcodes sämtliche Rohstofflieferanten oder Hersteller der benötigten Ware national und international ausfindig zu machen. Die meisten Datenbanken verlangen unterschiedliche Produktcodes, jedoch wird in einigen Datenbanken (bspw. Hoppenstedt und Dun&Bradstreet) der vereinheitlichte Standard Industry Code zugrundegelegt.[250] Neben „Wer liefert Was?" und den Hoppenstedt-Datenbanken, die den deutschen Markt abdecken, sind vor allem die Dun&Bradstreet-Datenbanken geeignet, Hersteller bestimmter Produkte auf der ganzen Welt zu finden. Detaillierte Informationen über Qualität und Preis müssen allerdings anschließend durch direkte Kontaktaufnahme in Erfahrung gebracht werden.

3.3.5 Bereich Finanzierung

Um Informationen über Finanzierungsalternativen und Risikoabsicherungen zu erhalten, wenden sich Unternehmen in der Regel an ihre Hausbank. Dort wird ihnen ein individuelles und auf die spezifische Unternehmenssituation zugeschnittenes Finanzierungsangebot unterbreitet. Datenbankrecherchen sind wenig hilfreich, da sie die Beratung der Banken und das individuelle Aushandeln der Konditionen nicht ersetzen können. Sie können jedoch kontinuierlich eingesetzt werden, um Informationen über nationale und internationale Subventionen zu gewinnen. Die unübersichtliche Vielfalt unterschiedlicher Förderprogramme kann bspw. nach Branchencode und Förderzweck durchsucht werden. Die Datenbankrecherche ermöglicht auf diese Weise schnell einen Überblick über die für das Unternehmen relevanten Subventionsmöglichkeiten. GENIOS bietet bspw. eine Datenbank

---

[250] vgl. auch **Klems, Michael**: a.a.O., S. 10.

(GELD) an, die über 4.000 Dokumente zu nationalen und internationalen Subventionen erfaßt.[251] Als Quelle dienen Veröffentlichungen der Weltbank, EU, Bundesministerien, Bundesländer, Kommunen und Gebietskörperschaften.

3.3.6 Bereich Betriebswirtschaft

Im Bereich Betriebswirtschaft dominiert die überwiegend fallbezogene Informationssuche auf der Basis persönlicher Kommunikation.[252] Das Tagesgeschäft wird mittels fachlich qualifizierter Mitarbeiter abgewickelt. Informationen zur breiten Abdeckung sämtlicher betriebswirtschaftlicher Fragestellungen werden in den meisten Unternehmen durch regelmäßiges Sichten von Zeitschriften und Beschaffung einschlägiger Literatur gewonnen. Da sich die Inhalte dieser Quellen häufig wiederholen oder überschneiden, wird eine Flut von redundanten Informationsinputs verursacht. Problemfälle werden durch einen kompetenten Ansprechpartner oder externen Berater gelöst.

Zur Bewältigung der mangelhaft aufeinander abgestimmten, intransparenten Informationsangebote ist die Datenbankrecherche aufgrund ihrer Schnelligkeit und mehrdimensionalen Suchmöglichkeiten besonders sinnvoll. Datenbanken aus dem Bereich Wirtschafts- und Sozialwissenschaften sind in der Regel Bibliographische Datenbanken, die Nachweise über Zeitschriftenartikel, Bücher und sonstige Publikationen (Gutachten, Dissertationen, Arbeitspapiere und auch graue Literatur) enthalten. In den renommierten Datenbanken BLISS (Betriebswirtschaftliche Literatur), FITT (Index der deutschen Wirtschaftspresse), ECONIS (Literaturinformationen für Wirtschaft und Wissenschaft), HWWA (Wirtschaftsdatenbank für Wissenschaft und Praxis des HWWA-Instituts für Wirtschaftsforschung), IFO (Datenbanken des Ifo Instituts), SOLIS (Sozialwissenschaftliches Literaturinformationssystem) und FORIS (Forschungsinformationssystem Sozialwissenschaften) werden über 1 Million Nachweise erbracht.[253] Ergänzend können die Volltextdatenbanken mit Online-Versionen der wichtigsten Fachzeitschriften zur Beantwortung betriebswirtschaftlicher Fragestellungen herangezogen werden. Zur Information bei juristischen Fragestellungen sind die Datenbanken von JURIS geeignet, die sowohl deutsches als auch europäisches Recht (CELEX-Datenbanken) abdecken.

Eine Recherche in den o.g. Datenbanken gibt mit Sicherheit einen nahezu vollständigen Überblick über alles, was zu einem bestimmten Thema veröffentlicht wurde. Sie können die Informationssituation der KMU entscheidend verbessern, ohne viel personelle Ressourcen

---

[251] vgl. **GENIOS-Assistent für Windows** - Das Genios-Datenbanklexikon, Ausgabe 2. Halbjahr 1994.
[252] vgl. zu den folgenden Ausführungen Szyperski, Norbert u.a.: Die Informationsversorgung..., S. 122.
[253] vgl. Faltblätter der Gesellschaft für betriebliche Information über die WISO-Datenbanken.

64

zu binden. Jedoch besteht in speziellen Problemsituationen selbstverständlich weiterhin die Notwendigkeit externer Beratung.

3.4 Fazit

Die vorangegangenen Ausführungen haben verdeutlicht, daß zur Lösung von Informationsproblemen in KMU hauptsächlich persönliche Kommunikation und andere traditionelle Informationsquellen genutzt werden. Die Möglichkeiten, die Datenbanken als Informationsquelle bieten, sind weitgehend unbekannt. Ob Datenbanken überhaupt geeignet sind, den Informationsbedarf der KMU zu decken, kann nicht eindeutig geklärt werden. Ein typischer Informationsbedarf des mittelständischen Unternehmens existiert nicht, da KMU eine sehr heterogene Nachfragergruppe darstellen. Die einzelnen Unternehmensbereiche sind von unterschiedlicher Bedeutung für den Unternehmenserfolg. Tendenziell sind vor allem für Unternehmen mit intensiver F&E-Tätigkeit, hoher Bedeutung des Marketingbereichs und starkem Auslandsengagement Datenbanken von großem Nutzen. Darüber hinaus ist der Einsatz von Datenbanken für Zwecke, die bisher von Printprodukten wie Einkaufsführern und Nachschlagewerken erfüllt wurden, sinnvoll. Entsprechend der spezifischen Unternehmenssituation müssen die Möglichkeiten des Datenbankeinsatzes individuell geprüft werden. Dabei geht es nicht um den Ersatz traditioneller Informationsquellen, sondern um deren sinnvolle Ergänzung durch Datenbanken, die eine schnellere und gezieltere Informationsselektion leisten können.

4. Die Make-or-buy-Entscheidung

Das Entscheidungsproblem, ob die Deckung eines Faktorbedarfs über Eigenproduktion oder Fremdbezug geschieht, ist in der Betriebswirtschaft vor allem im Hinblick auf Sachgüter untersucht worden. In letzter Zeit gibt es allerdings vermehrt Ansätze, diese Alternativen in Zusammenhang mit der Datenverarbeitung und dem Informationsmanagement zu betrachten.[254] Die Hauptkriterien, die bei der Make-or-buy-Entscheidung berücksichtigt werden, sind Kosten, Liquidität, Zeit und Qualität.[255] In Bezug auf die Informationsvermittlung sind jedoch einige Besonderheiten zu beachten. Wesentlich ist, daß die Eigenfertigung nicht zugunsten des Fremdbezugs aufgegeben werden kann oder umgekehrt - zumindest

[254] bspw. **Heinzl, Armin**: Die Ausgliederung der betrieblichen Datenverarbeitung, Stuttgart 1991 und **Brenner, Walter**: Grundzüge des Informationsmanagements, Heidelberg 1994, S. 295 ff..
[255] vgl. bspw. **Gabler-Wirtschafts-Lexikon**, 13. Auflage, Wiesbaden 1993, Band 5, S. 2173.

dann nicht, wenn unter Informationsvermittlung mehr als die reine Datenbankrecherche verstanden wird. Die Informationsbeschaffung muß auch bei der Inanspruchnahme externer Informationsvermittler im Unternehmen selbst fortgesetzt werden. Vielmehr sind hier Überlegungen über eine sinnvolle Ergänzung ausschlaggebend. Die Entscheidung nach dem Kriterium Kosten gestaltet sich durch die oft mangelnde Kostenkontrolle und Zurechenbarkeit auf die verursachenden Kostenstellen schwierig. Darüber hinaus treten aufgrund der Besonderheiten des Rohstoffs Information Probleme bei der Beurteilung des Qualitätskriteriums auf, da im voraus definierte, objektiv nachprüfbare Leistungsanforderungen schwierig oder kaum vorzugeben sind.[256]

Die Entscheidungsalternative Make-or-Buy wird in der Betriebswirtschaftslehre hauptsächlich im Hinblick auf die Zielgröße Gewinn behandelt. Für die Informationsvermittlung spielen jedoch auch andere Ziele eine Rolle, die im Zusammenhang mit Geheimhaltung, Unabhängigkeit, Prestige und Risikominderung stehen. Nicht zu unterschätzen ist darüber hinaus die Rolle des mittelständischen Firmeninhabers, von dessen subjektiver Betrachtung es abhängt, ob Datenbanken als nützlich befunden und Recherchen im Unternehmen selbst durchgeführt werden oder nicht.[257] Im folgenden wird davon ausgegangen, daß die prinzipielle Entscheidung zur Datenbanknutzung bereits gefallen ist.

4.1 Errichtung interner Informationsvermittlungsstellen

Die Häufigkeit der getätigten Datenbankrecherchen bestimmt, ob aus Kostenüberlegungen eher eine eigene Informationsvermittlungsstelle geschaffen werden sollte oder die Beauftragung externer Dienstleister sinnvoller ist. Strebt das Unternehmen eine dauerhafte und strategische Nutzung der Datenbankinformationen an, so ist die Errichtung einer internen Informationsvermittlungsstelle angebracht. Dafür spricht außerdem, daß eigene Mitarbeiter besser über die betriebliche Situation im Bilde sind. Daraus ergibt sich zwar nicht zwingend, daß auch qualitativ bessere Informationen gewonnen werden können, jedoch kann die Relevanz der von der Datenbank angezeigten Informationen evtl. schneller und leichter beurteilt werden. Oft werden die selbst erzielten Rechercheergebnisse besser als die Dienste der Informationsbroker bewertet.[258] Voraussetzung ist natürlich, daß neben dem Fachwissen und der Betriebskenntnis auch das entsprechende Recherche-Knowhow vorhanden ist. Wenn Mitarbeiter über die notwendigen Qualifikationen verfügen, erweist sich die unternehmensinterne Datenbankabfrage auch aus zeitlichen Gründen als vorteilhafter, da der

[256] vgl. hierzu auch **Heinzl, Armin**: a.a.O., S. 14.
[257] vgl. hierzu bspw. **FIZ Technik e.V.**: Verbesserung des Datenbankangebots..., S. 5 und S. 12.
[258] vgl. **Hannig, Uwe**: a.a.O., S. 38.

artikulierte Informationsbedarf einer Abteilung unmittelbar gedeckt werden kann und umständliche Erklärungen gegenüber Externen wegfallen. Die innerbetriebliche Durchführung von Datenbankrecherchen kann darüber hinaus die Unabhängigkeit des Unternehmens wahren oder sich aus Geheimhaltungsgründen als notwendig erweisen.[259] Nink zeigt auf, daß interne Informationsvermittlungsstellen eher auf eine hohe Benutzerakzeptanz stoßen.[260] Dies gilt vor allem dann, wenn für die entstehenden Kosten vom Nachfrager keine Rechtfertigung verlangt wird.

4.2 Einschaltung externer Informationsvermittler

Wenn Unternehmen lediglich einen sporadischen Informationsbedarf haben, lohnen sich die Investitionen in die technischen Voraussetzungen, die Vertragsschließung mit Datenbankanbietern und die Aneignung von Recherche-Knowhow nicht.[261] Gelegenheitsnutzer sind kaum in der Lage, das vielfältige Angebot zu überschauen und in mehreren, unterschiedlich strukturierten Datenbanken befriedigende Rechercheergebnisse zu erzielen. Komplexe Fragestellungen können oft nur durch die Inanspruchnahme mehrerer Hosts beantwortet werden, so daß mehrere Nutzungsverträge geschlossen werden müssen und relativ hohe fixe Kosten entstehen. Meist verlangt jeder Host eine eigene Retrievalsprache, deren Kenntnis für die effektive Datenbanknutzung unerläßlich ist. Dazu bedarf es jedoch einer gewissen Routine, die bei gelegentlicher Datenbanknutzung nicht erreicht werden kann. Die Beauftragung eines Informationsbrokers ist in solchen Fällen vorteilhafter, zumal er mehr als nur den Rohstoff Information liefern kann, indem er nach umfassender Beratung die Datenbankinformationen zu anwendbarem Wissen veredelt.[262] Er bringt die Daten aus Datenbanken, die für den ungeübten Anwender oft wenig brauchbar sind, in einen sinnvollen Verwertungszusammenhang und steigert dadurch die Qualität der Informationen. In Datenbanken gespeicherten Daten und Hinweisen fehlt die Informationsqualität, durch die Daten zu Wissen werden. Gerade für KMU, die einen hohen Bedarf an problemorientierter prasixnaher Information haben, ist die Informationsbeschaffung über Informationsvermittler daher oft sinnvoller. Ein weiterer Vorteil ist, daß die Genauigkeit der finanziellen Planung gesteigert werden kann.[263] Die Kosten der Recherche können exakt erfaßt und zugerechnet werden, wodurch eine bessere Kostenkontrolle der Informationsbeschaffung gewährleistet ist. Der externe Informationsvermittler wird nur im Bedarfsfall beauftragt, so daß

[259] vgl. Hügel, Reinhold: a.a.O., S. 98.
[260] vgl. Nink, Hermann: Informationsvermittlung: Aufgaben, Möglichkeiten und Probleme, Wiesbaden 1991, S. 99.
[261] vgl. bspw. Hügel, Reinhold: a.a.O., S. 97.
[262] vgl. zu den folgenden Ausführungen Schmidt, Ralph: a.a.O., S. 49 und 119.
[263] vgl. Brenner, Walter: a.a.O., S. 296.

dem Unternehmen keine fixen Kosten entstehen. Auf die Liquidität des Unternehmens wirkt sich der Fremdbezug von Informationsvermittlungsdiensten positiv aus, da keine kapitalintensive Hardware notwendig ist und durch die geringere Kapitalbindung Investitionen mit einer höheren Rendite realisiert werden können. Da das Konkurrenzdenken bei mittelständischen Unternehmern i.d.R. sehr ausgeprägt ist, spielt über die bereits genannten Aspekte hinaus die vertrauliche Behandlung der Fragestellung durch den Informationsvermittler eine wichtige Rolle. Hinzu kommt, daß der Unternehmer von der Richtigkeit und Vollständigkeit der gelieferten Information überzeugt sein muß. Die genaue Kenntnis eines Informationsvermittlers und das Vertrauen in dessen Kompetenz ist daher möglicherweise wichtiger als Kostenüberlegungen. Die Beauftragung eines Informationsvermittlers erfolgt häufig auf Empfehlung und ist in starkem Maße von seinem Ruf abhängig.

5.   Mögliche Gründe für Nachfragedefizite bei KMU

Bisher ist es nicht gelungen, die Zielgruppe der KMU auf breiter Ebene für die Datenbanknutzung zu gewinnen. Die Gründe für das geringe Interesse werden sowohl bei den Anbietern als auch bei den Nachfragern gesucht und aus unterschiedlichen Perspektiven bewertet. Während die Anbieter vor allem fehlendes Informationswertbewußtsein für Nachfragedefizite verantwortlich machen, weisen KMU in erster Linie auf inhaltliche Mängel und unzureichendes Angebot für ihre speziellen Bedürfnisse hin. Im folgenden soll versucht werden, Faktoren aufzuzeigen und zu bewerten, die durch ihr Zusammenspiel die geringe Nachfrage der KMU nach Datenbanken bewirken.

5.1   Kritik am vorhandenen Datenbankangebot

Aus Sicht vieler KMU sind in Datenbanken nicht diejenigen Informationen zu finden, die den häufig sehr speziellen Bedürfnissen gerecht werden. Bei dieser Einschätzung spielt wahrscheinlich auch die hohe Erwartungshaltung gegenüber Datenbanken eine Rolle. Nicht zuletzt aufgrund der teilweise überzogenen Werbung mancher Datenbankanbieter meinen die Nutzer häufig, für sämtliche Fragestellungen in Datenbanken passende Antworten zu finden.[264] Wenn sie dann Informationslücken entdecken, macht sich schnell Enttäuschung breit.

---

[264] vgl. auch **Hügel, Reinhold**: a.a.O., S. 172.

5.1.1 Unübersichtlichkeit des Angebots

Die Unkenntnis der Nachfrager, für welche Fachgebiete und Fragestellungen Datenbanken bereits existieren, ist als schwerwiegendes Hindernis für die Datenbanknutzung anzusehen.[265] Darüber hinaus sind auch die Preise und sonstigen Konditionen der Datenbankanbieter den potentiellen Kunden weitgehend unbekannt.[266] Da die Vertragsregelungen und Abrechnungsverfahren der einzelnen Anbieter größtenteils unterschiedlich aufgebaut sind, wird der Vergleich der Leistungen erheblich erschwert. Oft scheitert der Einstieg in die Datenbanknutzung jedoch schon daran, daß das Wissen über die Zugangsvoraussetzungen wenig verbreitet ist. Das bisher existierende Informationsmaterial trägt wenig dazu bei, diese Unsicherheiten zu beseitigen. Es ist zwar bei vielen Anbietern sehr umfangreich, kann aber erst nach intensiver Durchsicht Klarheit über Zugangsbedingungen, Datenbankinhalte und Kostenstruktur verschaffen. Es herrscht Übereinstimmung darin, daß die Kommunikationspolitik der Datenbankanbieter nach wie vor erhebliche Mängel aufweist.[267]

5.1.2 Inhalt und Qualität der Datenbanken

KMU, die vorwiegend auf lokalen Märkten tätig und häufig stark spezialisiert sind, finden oft kein adäquates Angebot für unternehmensspezifische Probleme. Darüber hinaus benötigen sie in erster Linie praxisbezogene Informationen und weniger theoretische Abhandlungen. Die Mehrzahl der angebotenen Datenbanken ist jedoch auf der Grundlage wissenschaftlicher Information und Dokumentation entstanden und setzt forschungs-orientierte Schwerpunkte. Hinzu kommt, daß das Informationsangebot weitgehend durch amerikanische Hosts bestimmt ist und gerade marktbezogene Informationen oft nur in englischer Sprache verfügbar sind, die für KMU einen weiteren Hinderungsgrund bedeutet.[268] Vor allem die Kenntnis von Fachbegriffen bereitet Schwierigkeiten. Die Kritik an der inhaltlichen Qualität der Datenbanken bezieht sich vor allem auf die unvollständige Erfassung von wichtigen Quellen, die Aktualisierungshäufigkeit und nachlässige Erstellung der Abstracts. In diesem Zusammenhang spielen möglicherweise wieder überzogene Erwartungen der Nachfrager eine Rolle, da es unmöglich ist, sämtliches Wissen der Welt in Datenbanken festzuhalten. Es wurde bereits mehrfach darauf hingewiesen, daß Datenbanken

[265] vgl. **Pieper, Ansgar**: a.a.O., S. 35.
[266] vgl. **Hügel, Reinhold**: a.a.O., S. 174.
[267] vgl. bspw. **Hannig, Uwe**: a.a.O., S. 38 und **Schwuchow, Werner**: Einführung zum Tagungsthema: Informationsverhalten und Informationsmarkt, in: Schwuchow, Werner (Hrsg.): Informationsverhalten und Informationsmarkt, Internationale Fachkonferenz der Deutschen Gesellschaft für Dokumentation e.V. (DGD) vom 08.-10.05.1985 in Garmisch-Partenkirchen, Konferenzbericht, München 1986, S. 18.
[268] vgl. **Wuppertaler Kreis e.V.**: a.a.O., S. 62.

als Ergänzung und nicht als Ersatz herkömmlicher Informationsbeschaffungswege zu verstehen sind.

5.1.3 Unterschiedliche Retrievalsprachen

Die Kenntnis vom Aufbau der Datenbank und das Erlernen einer speziellen Abfragesprache sind unabdingbare Voraussetzung für das erfolgreiche Recherchieren in Datenbanken. Problematisch ist jedoch insbesondere für den gelegentlichen Nutzer, daß die wenigsten Datenbanken ihrer Gliederung und Retrievalsprache nach ähnlich sind.[269] Wenn gleichzeitig mehrere Verträge mit unterschiedlichen Hosts bestehen, können Befehle und Parameter leicht verwechselt werden. Für KMU stellt die Uneinheitlichkeit der Retrievalsprachen im Vergleich zu Großunternehmen ein schwerwiegenderes Problem dar, da meist keine Spezialisten zur Datenbankrecherche eingesetzt, sondern im Unternehmen tätige Mitarbeiter für die Online-Abfrage geschult werden. Allerdings ist davon auszugehen, daß bei ausreichender Überzeugung vom Nutzen der Datenbanken und dauerhafter, strategischer Nutzung solche Probleme in den Hintergrund treten würden. Mit Sicherheit stellen die unterschiedlichen Retrievalsprachen ein unnötiges Hindernis dar. Von Praktikern wird jedoch bestätigt, daß sie als Grund für die Ablehnung von Datenbanken häufig nur vorgeschoben werden und eher als Anfangshürde einzustufen sind.[270]

5.2 Kosten

Die bei der Datenbanknutzung anfallenden Kosten wirken auf Einsteiger zunächst abschreckend. Sie werden jedoch beim Vergleich mit traditionellen Informationsquellen oft überschätzt (vgl. C.II.2.3). Das gering ausgeprägte Kostenbewußtsein der KMU beruht meist eher auf der Unkenntnis der Nutzungsmöglichkeiten und deren Kosten.[271] Generell ist die Bereitschaft, für gute Informationen zu zahlen, vorhanden. Wie bereits erwähnt wurde, geben mittelständische Unternehmen immerhin etwa 3 Promille ihres Umsatzes für die Informationsbeschaffung aus.[272] Als wesentliches Problem der Zahlungsbereitschaft stellt sich deshalb die Überzeugung vom Nutzen der Datenbankinformationen für das Unternehmen dar.[273] Wenn der Stellenwert der Datenbanknutzung erkannt und die Qualität

---

[269] vgl. **Wuppertaler Kreis e.V.**: a.a.O., S. 62.
[270] bspw. durch Herrn Dipl.-Ing. Thomas Einsporn, Institut der deutschen Wirtschaft und **Sandmaier, Wolfgang**: a.a.O., S. 16.
[271] vgl. zu den folgenden Ausführungen **Pieper, Antje**: a.a.O., S. 56.
[272] vgl. **FIZ Technik e.V.**: a.a.O., S. 10.
[273] vgl. hierzu **FIZ Technik e.V.**: a.a.O., S. 5 und **Pieper, Antje**: a.a.O., S. 57.

der erhaltenen Informationen positiv bewertet wird, ist die Höhe der Recherchekosten nebensächlich. Probleme bereitet vielen Nutzern jedoch die komplizierte Zusammensetzung des Preises für eine Datenbankrecherche. Sie führt zum einen dazu, daß es fast unmöglich ist, die anfallenden Kosten im voraus abzuschätzen. Zum anderen erschwert sie den Preisvergleich zwischen einzelnen Anbietern und die Auswahl des günstigsten Angebots. Bisher bemühen sich nur wenige Anbieter, den Überblick über die Recherchekosten zu vereinfachen. Möglichkeiten zur Kostenüberwachung und -planung während der Online-Recherche bieten FIZ Technik und Knight-Ridder Information.[274] Der Nutzer kann sich durch Eingabe einfacher Kommandos anzeigen lassen, welche Kosten bereits angefallen sind, wann ein bestimmtes Budget überschritten ist usw. Dieser Service trägt dazu bei, das Problem der Kostenabschätzung einer Recherche zu bewältigen und könnte von mehreren Hosts angeboten werden.

5.3 Mangel an Informationswertbewußtsein

Häufig wird beklagt, daß KMU die Bedeutung von Informationen als Grundlage strategischer Entscheidungen unterschätzen.[275] Mittelständische Unternehmer denken meist nicht strategisch genug, um Informationsdefizite rechtzeitig zu erkennen und abzuschaffen, sondern konzentrieren sich eher auf das operative Geschäft. Das nicht vorhandene Bewußtsein für den Wert der Information kann dazu führen, daß keine Bereitschaft zur angemessenen Bezahlung von Informationsdiensten besteht.[276] Die dynamische Entwicklung des Datenbankmarktes in den USA läßt sich unter anderem darauf zurückführen, daß diese Probleme dort keine Rolle spielen.[277] Ein möglicher Grund für das gering entwickelte Informationsbewußtsein in Deutschland könnte die schlechte Ausbildung in der Anwendung von Informationen an Schulen, Hochschulen usw. sein. Für das verzerrte Kostenbewußtsein der deutschen Nachfrager kann jedoch auch die staatliche Subventionierung des Informationsangebots verantwortlich gemacht werden.[278] Die öffentlich geförderten Informationsvermittlungsstellen bieten bspw. Recherchen zu Preisen an, die weit unter den tatsächlich entstehenden Kosten liegen, und behindern dadurch die Akzeptanz der Marktpreise. Es wird deutlich, daß das wenig ausgeprägte Informationswertbewußtsein der KMU die Ausbreitung der Datenbanknutzung in entscheidendem Maße behindert. Da es jedoch in einem interdependenten Verhältnis zu anderen Problemfeldern (z.B. Akzeptanz, Mangel an

[274] vgl. o.V.: Einfache Kostenkontrolle bei Online-Recherchen, in: FIZ Technik Nachrichten 95/1, Mai 1995, S. 15.
[275] vgl. hierzu Schmidt, Ralph: a.a.O., S. 118.
[276] vgl. Hügel, Reinhold: a.a.O., S. 166.
[277] vgl. zu den folgenden Ausführungen auch Nink, Hermann: a.a.O., S. 101.
[278] vgl. Hügel, Reinhold: a.a.O., S. 167.

qualifizierten Mitarbeitern) steht und außerdem durch angebotsseitige Unzulänglichkeiten erst verursacht wird, kann eine Dominanz dieses Hinderungsgrundes nicht eindeutig festgestellt werden.

5.4 Technische und organisatorische Probleme

Obwohl mittlerweile auch die mittelständischen Unternehmen fast alle mit leistungsfähigen PCs ausgestattet sind, ergeben sich beim Anschluß an die Online-Netze nicht zu unterschätzende Schwierigkeiten. Die selbständige Nutzung von Datenbanken erfordert die Vertragsschließung mit Hosts und der Telekom, die sich teilweise als sehr umständlich und langwierig erweist. Bereits das Ausfüllen der komplizierten Formulare für die Beantragung des Datex-P-Anschlusses und die lange Bearbeitungszeit dieses Vorgangs erschwert den Einstieg in die Datenbanknutzung.[279] Zudem bedarf es einer sorgfältigen Planung des Datenbankeinsatzes. Es muß abgewägt werden, ob der Aufbau einer internen Informationsvermittlungsstelle, ein Endnutzerkonzept oder der Einsatz externer Informationsvermittler am sinnvollsten für das Unternehmen ist.[280] Die erforderliche „Rückendeckung" durch die Geschäftsleitung und ein ausreichendes Budget sind oft nicht gewährleistet. Hinzu kommt, daß aufgrund der begrenzten Mitarbeiterzahl und fehlenden EDV-Fachkenntnisse Probleme der Qualifizierung gelöst werden müssen. Die ausreichende Weiterbildung ist jedoch teuer und zeitaufwendig und birgt die Gefahr, daß der qualifizierte Mitarbeiter später in andere Unternehmen abwandert.[281]

5.5 Akzeptanzprobleme

Die bereits genannten Gründe auf der Nachfrageseite, die den Einstieg in die Datenbanknutzung erschweren, stehen in engem Zusammenhang mit den Akzeptanzproblemen bei der Einführung neuer Technologien. Hinderlich sind trotz eines hohen Verbreitungsgrads des PCs nach wie vor Berührungsängste im Umgang mit Computern.[282] Wie auch von Praktikern bestätigt wurde, treten bei der Einführung der Datenbanknutzung ähnliche Probleme wie bei der Einführung der Mikroelektronik in den 70er Jahren auf.[283] Die

---

[279] diese Erfahrung konnte auch im Modellversuch MIKUM bestätigt werden
[280] vgl. **Koch, Hartmut**: Die Hemmschwelle ist noch recht groß, in: Handelsblatt Nr. 95 vom 17.05.1995, S. B 2.
[281] diese Erfahrung wurde auch von Teilnehmern des Modellversuchs MIKUM gemacht, bspw. vom Unternehmen ABION, Jülich.
[282] vgl. auch **Hügel, Reinhold**: a.a.O., S. 165.
[283] vgl. bspw. **Brüne, Gerd**: Beschaffung Neuer Technologien - Entscheidereinstellungen und Marktstrukturen, in: Kleinaltenkamp, Michael / Schubert, Klaus (Hrsg.): Entscheidungsverhalten bei der Beschaffung Neuer Technologien, Berlin 1990, S. 109-125 und Schulze, Hans Herbert: Datenverarbeitung in KMU - Planung, Einführung und Einsatz von DV-Systemen, München 1983, S. 203 ff.

Widerstände bei den Mitarbeitern entstehen vor allem durch die Veränderung der Arbeitsabläufe, -mittel und -inhalte, die zunächst Mißtrauen und Schwellenangst hervorrufen.[284] Die Befürchtung, daß die neuen Anforderungen zu hoch seien oder gar die Angst vor Machteinbußen und Arbeitsplatzverlust sind für die mangelnde Akzeptanz verantwortlich. Meist beruhen sie jedoch auf Unkenntnis und können daher durch eine gezielte schrittweise Heranführung an die neue Technik abgebaut werden.[285] Die Überwindung von Akzeptanzproblemen kann darüber hinaus durch die frühzeitige Ankündigung und umfassende Information sowie Interessenberücksichtigung und Entscheidungsbeteiligung der Betroffenen gefördert werden.[286] Umfassende Schulungsprogramme nehmen die Schwellenangst und überzeugen die Mitarbeiter von der Vorteilhaftigkeit der neuen Arbeitsmethoden. Das Ausmaß der Akzeptanzdefizite wird entscheidend durch das Engagement der Geschäftsführung bestimmt. In mittelständischen Unternehmen stellt sich aufgrund der starken Personenbezogenheit zusätzlich das Problem, daß die persönliche Überzeugung des Unternehmers eine wesentliche Rolle für die erfolgreiche Einführung der Datenbanknutzung spielt. Der Unternehmer muß eine positive Einstellung gegenüber Datenbanken demonstrieren und evtl. aufgeschlossene Mitarbeiter als „Multiplikatoren" einsetzen. Häufig sind es insbesondere jüngere Mitarbeiter, die der Nutzung moderner Kommunikationstechnologien positiv gegenüberstehen.[287] Von Praktikern wird dem Akzeptanzproblem ein hohes Gewicht für die zurückhaltende Datenbanknutzung der KMU beigemessen.

5.6 Skepsis gegenüber Nutzungsmöglichkeiten

Wie bereits erwähnt wurde, ist die Überzeugung des Unternehmers vom Nutzen der Datenbankinformationen für sein Unternehmen ein wesentlicher Aspekt für die erfolgreiche Einführung der Datenbankabfrage.[288] Häufig wird jedoch keine Notwendigkeit für die Nutzung des neuen Informationsmediums gesehen, da die traditionellen Informationsquellen als ausreichend empfunden werden.[289] Viele KMU glauben, daß sie ausreichend über ihren Markt informiert sind und über Datenbanken für ihren Geschäftszweck keine besseren Informationen erhalten können. Es fällt den potentiellen Kunden schwer, sich genaue Vorstellungen von den Potentialen der Datenbanknutzung zu machen. Meist weicht die Skepsis erst, wenn Recherchen vorgeführt werden und die erzielten Ergebnisse das

[284] vgl. Stahlknecht, Peter: Einführung in die Wirtschaftsinformatik, 4. Auflage, Heidelberg 1989, S. 419-420.
[285] vgl. Wallau, Siegfried: Akzeptanz betrieblicher Informationssysteme, Tübingen 1990, S. 17.
[286] vgl. Schulze, Hans Herbert: a.a.O., S. 218 und Wallau Siegfried: a.a.O., S. 31.
[287] vgl. Pieper, Ansgar: a.a.O., S. 32.
[288] vgl. FIZ Technik e.V.: Verbesserung des Datenbankangebots..., S. 5.
[289] vgl. Schmidt, Ralph: a.a.O., S. 17 ; Hügel, Reinhold: a.a.O., S. 176 ; Pieper, Ansgar: a.a.O., S. 34 und 36.

Interesse der Unternehmer wecken.[290] Dann wird schnell deutlich, daß die Vielfalt der auf diesem Wege auffindbaren Informationen nicht über traditionelle Informationsquellen zu gewinnen ist.

6. Anforderungen an das Datenbankangebot

Die in KMU bestehenden Hemmschwellen gegenüber der Online-Nutzung erfordern seitens der Anbieter Anstrengungen, den Zugang zu Datenbanken zu erleichtern und ihre Systeme benutzerfreundlicher zu gestalten. Um den Unternehmen die Vorteile der Datenbanknutzung bewußt zu machen, sind darüber hinaus Verbesserungen in der Kommunikationspolitik notwendig. Die Erwartungen der mittelständischen Unternehmen an die Hosts entsprechen im wesentlichen denjenigen anderer Nutzer und beziehen sich in erster Linie auf die Datenbanken selbst sowie auf das Retrieval.[291]

6.1 Übersichtlichkeit des Angebots

Um die durch Unkenntnis hervorgerufenen Hemmschwellen der KMU bei der Datenbanknutzung zu überwinden, sollten Datenbankanbieter zunächst versuchen, ihr Leistungsangebot transparenter zu machen. Optimal wäre es, für den potentiellen Kunden entsprechend seinem Informationsbedarf eine individuelle Übersicht über die geeigneten Datenbanken zu erstellen.[292] Aber auch schon die bessere Systematisierung des Angebots und bspw. die Zusammenfassung zu branchenspezifischen Informationspaketen könnte die Transparenz verbessern. Denkbar ist bspw. die Erweiterung der Multifile-Suchfunktionen, die eine Recherche in einer bestimmten Datenbankgruppe vorsehen. Eine andere mittelstandsgerechte Möglichkeit besteht in der klaren Strukturierung nach Einzelinformationen und Themenkomplexen.[293] Für KMU sind besonders Einzelinformationen (Adressen, Firmeninformationen, Messen, Ausschreibungen, Patente, Vorschriften usw.), die dem operativen Geschäft dienen und konkret verwertbar sind, von Interesse. Die Recherche nach Themenkomplexen hingegen dient der längerfristigen Planung und liefert Informationen über wissenschaftliche und technische Entwicklungen, Trendanalysen und betriebswirtschaftliche Bereiche.

---

[290] vgl. **Pieper, Ansgar**: a.a.O., S. 34. Diese Aussage konnte auch im Modellversuch MIKUM bestätigt werden.
[291] vgl. hierzu eine Bewertung der wesentlichsten Erfolgsfaktoren durch alle befragten Online-Nutzer und KMU (gemessen an Anzahl der Mitarbeiter) in Herget, Josef / Hensler, Siegfried: Erfolgsfaktoren in der Informationsvermittlung Teil 7: Ergebnisse einer schriftlichen Befragung von direkten Online-Datenbanknutzern, Konstanz 1994, S. 26 und 37.
[292] vgl. **Hannig, Uwe**: a.a.O., S. 38.
[293] vgl. **FIZ Technik e.V.**: Verbesserung des Datenbankangebots..., S. 13 und 18.

Bisher legen allerdings nur wenige Anbieter Wert auf die übersichtliche Gestaltung ihres Prospektmaterials. Einen guten Überblick über seine Produktpalette gibt bspw. der Host STN. Neben der Kurzvorstellung sämtlicher Datenbanken in alphabetischer Reihenfolge wird eine weitere Übersicht über Datenbanken zu einzelnen Fachgebieten sowie ein Überblick über die Datenbankproduzenten und deren Datenbanken gegeben. Darüber hinaus existiert eine Auflistung von vordefinierten Datenbankgruppen (Cluster), die über die Multifile-Suchfunktion genutzt werden können. Der potentielle Kunde kann schnell feststellen, ob für seine Bedürfnisse geeignete Datenbanken vorhanden sind.

6.2 Inhalt und Qualität der Datenbanken

Qualitativ hochwertige Datenbanken zeichnen sich dadurch aus, daß sie auf aktuellem Stand sind und die wichtigsten Quellen möglichst vollständig erfassen. Bei Referenzdatenbanken spielt darüber hinaus die Aussagefähigkeit der Abstracts eine wichtige Rolle, da sie zur richtigen Selektion der relevanten Originalquellen in entscheidendem Maße beiträgt. Trotz einer bereits bestehenden Normung (DIN 1426 „Inhaltsangabe von Dokumenten") können Abweichungen und Subjektivität der Abstracts nicht ausgeschlossen werden.[294] Die sorgfältige Erstellung der Abstracts nimmt zwar Zeit in Anspruch und kann sich zu Lasten der Aktualität auswirken, sollte aber dennoch einen hohen Stellenwert bei der Datenbankherstellung haben. Wenn Kernaussagen eines Autors in der Kurzfassung nicht erwähnt werden, können Lücken im Wissensstand des Informationssuchenden auftreten.

Um Sprachbarrieren möglichst gering zu halten, sollte zumindest der Einstieg in die Datenbank mehrsprachig möglich sein. Hilfestellungen beim Umgang mit wichtigen fremdsprachigen Originalquellen könnten über die Bereitstellung eines Übersetzerservices geleistet werden. Die Schwierigkeiten im Verständnis von Fachbegriffen versucht bereits die (kostenlose) Online-Terminologiedatenbank EURODICAUTOM im Echo-Host zu beseitigen, die Übersetzungen für Fachbegriffe in allen Amtssprachen der EU bereithält.[295]

6.3 Retrievalsprachen und technischer Bereich

Eine Vereinheitlichung der Retrievalsprachen würde die Benutzerfreundlichkeit von Datenbanken entscheidend erhöhen und ist prinzipiell auch machbar. Sie würde den Lernaufwand für den Nutzer verringern und ihm eine breitere Zugriffsmöglichkeit auf verschiedene

---

[294] vgl. **Messe Frankfurt Service GmbH**: Infobase-Internationale Fachmesse für Information - vom 16. bis 18. Mai 1995 in Frankfurt am Main: Input bestimmt die Qualität von Datenbanken.
[295] vgl. **Europäische Kommission**: ECHO - Datenbasen und Dienste, Luxemburg 1994, S. 32.

Datenbanken bieten. Trotz zahlreicher Anstrengungen gelang es bisher nicht, die Vielfalt der Sprachen durch eine gemeinsame Retrievalsprache zu ersetzen. Der erste Versuch in diese Richtung wurde von der EG unternommen, deren Abfragesprache CCL jedoch keine weitere Verbreitung fand.[296] Wenn also zahlreiche Retrievalsprachen existieren, so sollten sie wenigstens einfach zu bedienen sein. Für ungeübte Nutzer ist bspw. eine menügesteuerte Sprache vorteilhaft. Diese führt jedoch langsamer zu Ergebnissen als eine klassische Retrievalsprache und ist deshalb für Experten ungeeignet. Um alle Kunden zufrieden-zustellen, müßten Menü- und Expertenmodus parallel angeboten werden. Darüber hinaus sollte ausreichende Hilfestellung bei der Auswahl der relevanten Datenbanken und beim Erstellen von Suchstrategien geleistet werden.[297] Da mittelständische Unternehmen beson-deren Wert auf die unmittelbare Verwertbarkeit der Informationen legen, müssen die Mög-lichkeiten der schnellen und direkten Einarbeitung der angezeigten Daten in die Arbeits-abläufe (Downloading) verbessert werden.[298] Darüber hinaus sind für KMU genaue Codierungsmöglichkeiten und eine größere Vielfalt an Selektionskriterien von Vorteil, um auch sehr spezielle Auskünfte erhalten zu können. Der Aufbau von Gateways zu anderen Host stellt eine weitere Möglichkeit dar, umfangreiche Informationen zu erhalten ohne für jeden Host die entsprechende Retrievalsprache zu erlernen. Ebenso kann die Erweiterung des direkten Zugangs zu Datenbanken über den Online-Dienst Datex-J die Zielgruppe KMU ansprechen, da demnächst durch eine windowsorientierte Oberfläche spezielle Retrievalsprachen überflüssig werden (vgl. C II.2.2).

6.4 Marketing

6.4.1 Anforderungen an Hosts

Bisher vermarkteten die meisten Hosts ihre Angebote unter der Annahme eines Verkäufer-marktes, obwohl tatsächlich Käufermarkt-Bedingungen herrschten.[299] Da sie jedoch kein grundlegend neues Produkt herstellen und mit den traditionellen Informationsquellen konkurrieren müssen, bedarf es einer umfassenden Aufklärung der Entscheidungsträger über die Vorteile der Datenbankleistungen. Wichtig ist es, das Gesamtpotential des Mittelstandes in unterschiedliche Segmente einzuteilen, um seiner uneinheitlichen Struktur Rechnung zu

---

[296] vgl. zu den folgenden Ausführungen Hügel, Reinhold: a.a.O., S. 169-171.
[297] vgl. FIZ Technik e.V.: Verbesserung des Datenbankangebots..., S. 16.
[298] vgl. auch Herget, Josef / Hensler, Siegfried: a.a.O., S. 37.
[299] vgl. van Kempen, Martin: a.a.O., S. 69.

76

tragen.[300] Zunächst sollten Zielgruppen eingegrenzt werden, deren qualitative Bedingungen auf den Bedarf und die Einsatznotwendigkeit von Datenbankinformationen hinweisen. Als notwendige Bedingung kann die Vertrautheit eines Unternehmens mit EDV-Systemen angenommen werden, da dort geringere Hemmschwellen zu vermuten sind. Hinreichende Bedingungen können bspw. kurze Innovationszyklen, hohe Umweltsensibilität oder hoher Exportanteil sein, die einen erhöhten Informationsbedarf erwarten lassen. Das gezielte Ansprechen der Entscheidungsträger ist von Bedeutung für die Akzeptanz der Datenbankinformationen. In KMU ist der Unternehmer an den wichtigsten Entscheidungen meist persönlich beteiligt. Er muß vor allem von den Vorteilen der Datenbanken bei der Erlangung strategischer Wettbewerbsvorteile überzeugt werden und einen Überblick über die anfallenden Kosten erhalten. Gleichzeitig müssen in das Marketingkonzept die Abteilungsleiter bzw. andere wesentliche Entscheidungsträger eingebunden werden, die über konkrete Lösungsmöglichkeiten zu unternehmensspezifischen Problemen aufzuklären sind. Erfahrungen aus der Praxis haben gezeigt, daß der Einstieg in die Datenbanknutzung in mittelständischen Unternehmen am besten durch persönlichen Kontakt und intensive Beratung erleichtert werden kann.[301] Eine wichtige Rolle spielt die Vor-Ort-Demonstration von Datenbankrecherchen zu konkreten Fragestellungen. Es bietet sich an, mit traditionellen Einzelinformationen (bspw. Einkaufsführern) anzufangen, bei denen der Zusatznutzen der Datenbank offensichtlich wird. Nachdem die Unternehmen für die Nutzung gewonnen werden konnten, müssen die neuen Kunden über guten Service und Betreuung an den Host gebunden werden. Sie sollen nicht nur Passwordinhaber, sondern aktive Nutzer sein. Für KMU stellt neben den allgemein erwarteten Serviceleistungen (Help-Desk, Schulung, Informationsmaterial) die Schnelligkeit der Dokumentenlieferung einen wesentlichen Erfolgsfaktor dar.[302] Die Preispolitik der Datenbankanbieter sollte dem Wunsch der Kunden nach durchschaubaren und kalkulierbaren Kosten entsprechen. Von den Rechnungen wird eine hohe Transparenz erwartet. Die Vielzahl der variablen Kostenkomponenten sollte reduziert werden, damit die Kosten einer Recherche auch im voraus besser abzuschätzen sind. Aus Sicht des Kunden sollte bei den Kosten für Datenbankrecherchen die Zeitgebühr gesenkt und stattdessen eine höhere Dokumentengebühr erhoben werden, da der Rechercheur so ohne Zeitdruck und Streß wahrscheinlich bessere Ergebnisse erzielen

---

[300] die folgenden Ausführungen richten sich nach der Marketingempfehlung von FIZ Technik und der Unternehmensberatung Management Partner, Stuttgart, vgl. FIZ Technik e.V.: Verbesserung des Datenbankangebots..., S. 19 ff.
[301] vgl. hierzu Gespräch mit Herrn Dipl.-Ing. Thomas Einsporn, Institut der deutschen Wirtschaft, Erfahrungen aus dem Modellversuch MIKUM, ausführlicher unter E.I.2.
[302] vgl. Herget, Josef / Hensler, Siegfried: a.a.O., S. 26 und 37.

kann.[303] Diese Art der Preisfindung hat sich mittlerweile bei den meisten Datenbank-anbietern durchgesetzt.

6.4.2 Anforderungen an Informationsvermittler

Die Leistungen eines Informationsvermittlers/-brokers sind der breiten Öffentlichkeit in noch stärkerem Maße unbekannt als die Existenz von Datenbanken und sehr erklärungs-bedürftig. Insbesondere in der Erwartung zunehmend benutzerfreundlicher Software-angebote durch die Hosts muß der Informationsbroker seine Rolle zukünftig klar definieren als eine „Mischung aus Informationsbeschaffungsspezialist, Analyst und Berater".[304] Er muß dem Endnutzer deutlich machen, daß er nicht lediglich Informationen als Rohstoff liefert. Gezielte Kommunikationspolitik ist daher unerläßlich. Für die Informationsvermittlung gelten die Besonderheiten des Dienstleistungsmarketings, die auf der Nachfrageseite vor allem eine direkte und intensive Beziehung zum Kunden sowie dessen Beteiligung an der Leistungserstellung bedeuten.[305] Voraussetzung für die erfolgreiche Arbeit des Informationsvermittlers ist, daß der Kunde die zu lösende Problemstellung genau erläutert und teilweise den Einblick in die betriebliche Situation gewährt. Es bestehen gerade bei KMU erhebliche Widerstände bei der präzisen Formulierung des Problems, da die Offen-legung von Informationsdefiziten häufig als Preisgabe von Betriebsgeheimnissen empfunden wird.[306] Bis zur Präsentation des endgültigen Rechercheergebnisses sind intensive persönli-che Kontakte zwischen Informationsvermittler und Auftraggeber notwendig. Da es sich bei den Diensten des Informationsvermittlers um Vertrauensgüter handelt, deren Qualitäts-eigenschaften auch durch Gebrauch nicht eindeutig festgestellt werden können, sind die Zufriedenheit des Kunden und der Aufbau eines Vertrauensverhältnisses für den Erfolg des Informationsvermittlers von entscheidender Bedeutung.[307] Die Ausgestaltung der Preis-politik stellt sich aufgrund der Charakteristika der „Ware Information" häufig schwierig dar, weil das Ergebnis einer Informationsrecherche nicht eindeutig unter Kosten-Nutzen-Gesichtspunkten bewertet werden kann und oft keine direkte Verwertbarkeit erkennbar ist. Erschwerend kommt hinzu, daß der Nutzen von Negativ-Informationen, z.B. die Nicht-Auffindbarkeit einer gesuchten Patentanmeldung, falsch eingeschätzt wird und keine Bereit-schaft zu einer kostendeckenden Vergütung besteht.[308] Die Durchsetzung der Preise hängt

---

[303] vgl. **Müller-Hagedorn, Lothar**: Hemmnisse bei der Nutzung von Datenbanken, Arbeitspapier Nr. 12 im Fachbereich IV - Betriebswirtschaftslehre an der Universität Trier, Trier 1988, S. 25.
[304] vgl. **Münch, Vera**: Informationsbroker suchen im Auftrag anderer nach Daten, in: Handelsblatt Nr. 95 vom 17.05.1995, S. B3.
[305] vgl. **Meffert, Heribert**: Marketing, 7. Auflage, Wiesbaden 1991, S. 44.
[306] vgl. **Schmidt, Ralph**: a.a.O., S. 106.
[307] vgl. auch **Ernst, Matthias/Köberlein, Christian**: a.a.O., S. 7.
[308] vgl. auch **Münch, Vera**: Informationsbroker...

wiederum davon ab, ob es dem Informationsvermittler gelingt, das Vertrauen des Kunden zu gewinnen und diesen von seiner Kompetenz zu überzeugen.

6.5 Ist der Aufbau einer speziellen Mittelstands-Datenbank sinnvoll?

Generell wünschen alle Nachfrager unabhängig von ihrer Unternehmensgröße die Steigerung der Benutzerfreundlichkeit des Datenbankangebots. Zum einen soll das Datenbankangebot übersichtlicher und leichter zugänglich werden. Darüber hinaus werden von den Anwendern hohe Ansprüche an die Vollständigkeit der Datenbanken und Aussagekraft der Abstracts gestellt sowie eine Vereinheitlichung oder zumindest Vereinfachung der Retrievalsprachen gefordert. Es kann davon ausgegangen werden, daß diese Aspekte für mittelständische Unternehmen größere Bedeutung haben als für Großunternehmen, in denen Spezialisten regelmäßig Datenbankinformationen abfragen und möglicherweise auftretende Schwierigkeiten eher bewältigen können. Reicht es also aus, das bestehende Angebot im Hinblick auf die genannten Faktoren zu verbessern? Oder müssen speziell für KMU eigene Datenbanken aufgebaut werden, da das bisher verfügbare Angebot dem Informationsbedarf gar nicht entspricht? Alle Anbieter sind sich der geringen Akzeptanz und Nutzung von Datenbanken in KMU bewußt und haben sich mehr oder weniger intensiv mit dieser Problematik auseinandergesetzt. Ob der Aufbau einer speziellen „Mittelstands-Datenbank" notwendig ist, wird von den einzelnen Hosts unterschiedlich beurteilt. Sie ist schon allein aufgrund der heterogenen Nachfrage als problematisch einzuschätzen. FIZ Technik sieht dafür bspw. keinen Bedarf, sondern will vielmehr das bestehende Angebot unter dem Aspekt der Mittelstandsorientierung neu strukturieren.[309] Entscheidend sei vor allem die Transparenz des Angebots und die praxisorientierte Selektion der verfügbaren Informationen. Deshalb wird eine Trennung in Einzelinformationen und Themenkomplexe für sinnvoll gehalten. Die GBI hingegen geht in ihrer Durchführbarkeitsstudie von den Hypothesen aus, daß KMU Datenbanken kaum nutzen, weil das bestehende Angebot ihren Informationsbedürfnissen nicht entspricht und zu umfangreiche Spezialkenntnisse und Erfahrung erfordert.[310] Vor diesem Hintergrund wird die Möglichkeit der Produktion einer Datenbank geprüft, die für KMU verwertbare Informationen enthält. Sie soll „kombinierte technisch-kommerzielle Informationen" aus regionalen Branchenpublikationen, Newslettern, Kennziffernzeitschriften, unveröffentlichten Pressemitteilungen etc. enthalten, die dem alltägli-

---

[309] vgl. **FIZ Technik e.V.**: Verbesserung des Datenbankangebots..., S. 24.
[310] vgl. zu den folgenden Ausführungen **Gesellschaft für betriebliche Information mbH**: Aufbau einer markt- und anwenderorientierten Datenbank für neue Produkte, Märkte und Verfahren mit Möglichkeiten des wechselseitigen Technologietransfers für kleine und mittlere Unternehmen, Durchführbarkeitsstudie, Ergebnisbericht vom 15. Juli 1990, München 1990, S. 2 ff.

79

chen, nicht wissenschaftlichen branchenspezifischen Informationsbedarf der KMU gerecht werden. Nach einer detaillierten Analyse des bereits vorhandenen Angebots solcher Informationen und enger Zusammenarbeit mit Verlagen kam die GBI zu dem Ergebnis, daß eine mittelstandsgerechte Datenbank unter Kosten-/Erlösbetrachtungen realisierbar ist und eine hohe Akzeptanz der KMU zu erwarten sei.[311] Diese Überlegungen führten zum Aufbau der Datenbank KOBRA, die Volltextinformationen aus deutschen Branchenzeitschriften (herausgegeben von verschiedenen Verlagen sowie den Industrie- und Handelskammern) enthält. Auch regionale Zeitungen und Zeitschriften werden berücksichtigt, bspw. Wirtschaft am bayerischen Untermain, Wirtschaft in Bremen u.v.a.. Der zunächst erwartete Erfolg der Datenbank trat bisher jedoch nicht im gewünschten Umfang ein.[312] Probleme bereitet vor allem die schlechte Zusammenarbeit mit den Verlagen, die nicht zur Lieferung elektronisch gespeicherter Informationen bereit sind. Daraus ergeben sich für die GBI hohe Herstellungskosten. Die Zielgruppe der KMU konnte nicht umfassend erreicht werden, obwohl vor allem über die IHKs eine Bekanntmachung des Angebots versucht wurde. Die Datenbank wird momentan vor allem von Unternehmensberatungen sehr stark genutzt und die Volltextdatenbank „Markt&Technik" am häufigsten abgefragt. Die Zukunft der Datenbank KOBRA wird zur Zeit intensiv diskutiert. Das Beispiel der KOBRA-Datenbank verdeutlicht die Schwierigkeit, KMU durch den Aufbau mittelstandsgerechter Datenbanken anzusprechen.

7. Bewertung der Hosts aus Nutzersicht

Wie bereits aufgezeigt wurde, muß das Datenbankangebot in vielerlei Hinsicht verbessert werden, um den Kundenbedürfnissen zu entsprechen. Interessant erscheint die Frage, inwieweit die einzelnen Hosts bereits den Anforderungen der Nachfrager gerecht werden und mehr Kundenorientierung und Qualitätsmanagement realisiert haben. Aufschlußreich ist in diesem Zusammenhang eine 1993 an der Universität Konstanz durchgeführte schriftliche Befragung von 950 direkten Online-Datenbanknutzern (Rücklaufquote 37,6 %).[313] Bei den Befragten handelt es sich um sämtliche deutschsprachigen Nutzer des Hosts FIZ-Technik aus dem 1. Halbjahr 1993. Die Mehrheit der Unternehmen (Industrie- und Dienstleistungsbetriebe) ist gemessen an ihrer Mitarbeiterzahl dem Mittelstand zuzurechnen.[314] Die

---

[311] vgl. **Gesellschaft für betriebliche Information mbH:** Aufbau einer markt- und anwenderorientierten Datenbank..., S. 14-15.
[312] die folgenden Ausführungen beziehen sich auf ein Gespräch mit Frau Mailänder, zuständig für die KOBRA Datenbank bei GBI, am 08.06.1995.
[313] vgl. **Herget, Josef/Hensler, Siegfried:** a.a.O., S. 7.
[314] vgl. **Herget, Josef/Hensler, Siegfried:** a.a.O., S. 10 und 12.

Leistungsfähigkeit der Hosts sollte anhand zahlreicher Kriterien für die Bereiche Allgemeines, Administration, Kommunikation, Service, Datenbanken und Retrieval auf einer Skala von 1 (nicht zufrieden) bis 7 (sehr zufrieden) beurteilt werden.[315] Insgesamt fällt die Bewertung der Datenbankanbieter eher mittelmäßig aus.[316] Kein Host entsprach gänzlich den Erwartungen (Bewertung 6 oder 7). Ebensowenig zeigten sich die Nutzer mit der Leistung der Datenbankanbieter in keinem Bereich völlig unzufrieden (Bewertung 1 oder 2). Vielmehr wurden Bewertungen zwischen 3,62 und 5,84 vergeben. Über alle Hosts betrachtet, erhält der Faktor Datenbanken die positivsten Einschätzungen, während der Kommunikationsbereich am meisten bemängelt wird. Von den zehn zu beurteilenden Hosts werden fünf (DataStar, Dialog, FIZ-Technik, GBI und STN) in allen sechs Bereichen überdurchschnittlich bewertet, vier (ESA-IRS, GENIOS, Questel und Echo) dagegen stets unterdurchschnittlich. Lediglich ein Host, DIMDI, erhält eine Mischbewertung. Der einzige Host, der in allen sechs Bereichen zu den drei Besten zählt, ist DataStar.

Tabelle 13:

Zufriedenheit mit Hosts

	Allgemeines	Administration	Kommunikation	Service	Datenbanken	Retrieval
DataStar	5,53	5,40	5,50	5,50	5,56	5,59
Dialog	5,18	5,00	4,79	4,81	5,84	5,43
DIMDI	4,89	4,50	4,73	4,69	5,20	5,05
ESA-IRS	4,09	4,09	3,84	3,90	4,58	4,39
FIZ-Technik	5,45	5,34	5,44	5,52	5,40	5,34
GBI	5,35	5,23	5,23	5,33	5,11	4,87
GENIOS	4,43	4,49	4,47	4,38	4,82	4,87
Questel	4,39	4,42	3,80	3,97	4,59	4,44
STN	5,29	5,47	5,22	5,22	5,58	5,21
Echo	4,26	4,13	3,74	3,62	5,58	5,21

unterdurchschnittliche Bewertung

überdurchschnittliche Bewertung

Quelle: Herget, Josef / Hensler, Siegfried: Erfolgsfaktoren in der Informationsvermittlung Teil 7: Ergebnisse einer schriftlichen Befragung von direkten Online-Datenbanknutzern, Konstanz 1994, S. 80-83.

---

[315] vgl. Herget, Josef/Hensler, Siegfried: a.a.O., S. 23-24.
[316] vgl. zu den folgenden Ausführungen Herget, Josef/Hensler, Siegfried: a.a.O., S. 79-83.

Die Untersuchungsergebnisse dieser umfangreichen Befragung können nicht als repräsentativ für die Online-Nutzung in Deutschland gelten. Sie bestätigen jedoch weitgehend die Einschätzung von Praktikern und Erfahrungen aus dem Modellversuch MIKUM, insbesondere was die Beurteilung von GBI im Vergleich zu GENIOS angeht. Ebenso wird i.d.R. ein übereinstimmend positives Urteil über STN und ein negatives Urteil über den Host ECHO gefällt. Es sei jedoch darauf hingewiesen, daß in anderen Untersuchungen z.T. gänzlich abweichende Aussagen gewonnen werden konnten. Eine in etwa zur gleichen Zeit durchgeführte Umfrage bei 482 GENIOS-Kunden (50 gelegentliche und 432 Häufig-Nutzer) ergibt Beurteilungen für GENIOS im Bereich von „neutral" bis „ziemlich zufrieden".[317] Insbesondere im Hinblick auf die vom Kunden als wichtig eingestuften Kriterien Seriosität des Anbieters, Aktualität der Datenbanken, Zuverlässigkeit des Dienstes und Kundenservice werden GENIOS Stärken bescheinigt. Die Vergleichbarkeit mit der o.g. Befragung der Universität Konstanz ist jedoch schon von daher problematisch, daß es sich um sehr unterschiedliche Kundengruppen handelt. Nur 6-7 % der befragten GENIOS-Nutzer sind gleichzeitig auch FIZ-Technik-Kunden.

III. Der Preismechanismus

Im Modell einer dezentral organisierten Volkswirtschaft trägt der Preismechanismus zur Lösung von Allokationsproblemen bei.[318] Er bestimmt, welche Güter produziert werden. Unter der Annahme der vollkommenen Konkurrenz wird über den Preismechanismus der Ausgleich von Angebot und Nachfrage herbeigeführt. Auf den meisten Märkten ist diese Annahme jedoch nicht gegeben. Dies gilt in besonderem Maße für den Datenbankmarkt. Wie aus den vorangegangenen Kapiteln bereits ersichtlich wird, besteht offenbar eine Lücke zwischen Angebot und Nachfrage nach Datenbankleistungen. Diese resultiert zum Teil aus den Unvollkommenheiten des Marktes, auf die im folgenden näher eingegangen wird. Darüber hinaus soll die Preispolitik der Anbieter, die in engem Zusammenhang mit der mangelnden Transparenz auf dem Datenbankmarkt steht, und die Preiselastizität der Nachfrage untersucht werden.

---

[317] vgl. zu den folgenden Ausführungen o.V.: Kundenumfrage: Bei wichtigen Kriterien eine gute Performance, in: Password 5/94, S. 4 und o.V.: Bestätigung der Kundschaft in den zentralen Bereichen „Seriosität", „Aktualität", „Zuverlässigkeit" - Aber Schwäche bei „Preisen" und „Recherche-Unterstützung", in: Password 9/94, S. 18-20.
[318] vgl. bspw. Dichtl, Erwin/Issing, Otmar (Hrsg.): Vahlens großes Wirtschaftslexikon, München 1993, S. 1690.

1. Unvollkommenheit des Marktes

Die Merkmale einer vollkommenen Konkurrenz sind auf dem Datenbankmarkt nicht gegeben. Die Struktur des Marktes ist oligopolistisch, Informationen sind nicht jedem Marktteilnehmer in gleichem Maße zugänglich. Darüber hinaus wird die Wirkung des Preismechanismus insbesondere durch die stark ausgeprägte staatliche Subventionierung vieler Datenbankleistungen beeinträchtigt. So werden Anbieter, die kostenungünstiger als ihre Konkurrenten arbeiten, nicht automatisch vom Markt verdrängt. Staatlich geförderte Datenbankproduzenten und -anbieter erreichen häufig einen niedrigen Kostendeckungsgrad und tragen zur Verzerrung der Marktpreise bei. Bei vollkommener Konkurrenz hätten sie keine Überlebenschance.

1.1 Mangelnde Transparenz

Die mangelnde Transparenz auf dem Datenbankmarkt bewirkt, daß weder Anbieter noch Nachfrager in der Lage sind, auf Preissignale entsprechend zu reagieren. Die Vertragsregelungen und Abrechnungsprozesse sowie die Angebotspalette der einzelnen Anbieter weichen stark voneinander ab und sind schwer zu überblicken, so daß ein direkter Vergleich des Leistungsangebotes unmöglich wird.[319] Für die Anbieter bedeutet dies, daß sich die Beobachtung der Mitbewerber und die Wahl der kostengünstigsten Produktionsmethode äußerst schwierig gestaltet. Gewinnsituation und Strategien der Konkurrenz sind nur schwierig abzuschätzen. Dadurch läßt sich vermutlich erklären, daß die Anbieter bestrebt sind, ihre Umsatzzahlen und Gewinne geheimzuhalten. Aus Sicht der Nachfrager bereitet die Intransparenz des Marktes Probleme bei der Auswahl des geeigneten Angebots. Besonders Einsteiger verfügen kaum über Kenntnisse von Datenbankinhalten, deren Preisen und sonstigen Konditionen sowie den Zugangsmöglichkeiten. Das Preis-/Leistungsverhältnis der Datenbankleistungen kann kaum beurteilt werden.[320] Anpassungsprozesse, die den Markt ins Gleichgewicht bringen würden, bleiben daher aus.

---

[319] vgl. bspw. **Hügel, Reinhold**: a.a.O., S. 174.
[320] vgl. bspw. **Stoetzer, Matthias-W. / Volkgenannt, Maja**: a.a.O., S. 157.

1.2 Informationsasymmetrie

Das Verhältnis von Auftraggeber und Auftragnehmer auf dem Datenbankmarkt weist die typischen Merkmale einer Principle-Agent-Beziehung auf. Es ist in hohem Maße durch Informationsasymmetrie und Unsicherheit gekennzeichnet. Der Agent (Datenbankproduzent, -anbieter oder Informationsvermittler) ist über die Eigenschaften des von ihm angebotenen Gutes (Datenbank oder Vermittlungsleistung) besser informiert als der Prinzipal (Nachfrager). Die Unsicherheit des Prinzipals über die Qualität einer Datenbankrecherche oder Vermittlungsleistung bewirkt hohe Qualitätsverifikationskosten.[321] Ob in einer bestimmten Datenbank bspw. alle wesentlichen Quellen vollständig erfaßt worden sind, kann der Prinzipal als schlechter informierter Marktteilnehmer nur mit unvertretbarem Aufwand nachprüfen. Ebenso muß er sich bei der Beauftragung eines Informationsvermittlers auf die Qualität des Ergebnisses verlassen, da dessen nachträgliche Überprüfung höhere Kosten verursachen könnte als die eigenständige Durchführung einer Datenbankrecherche.

2. Preispolitik der Anbieter

Wie bereits mehrfach deutlich wurde, setzen sich die Preise für die Online-Datenbanknutzung aus vielen unterschiedlichen Komponenten zusammen, deren Hauptbestandteile die Grundgebühren (Einrichtungsgebühr, Jahres- und/oder Monatsgebühr) und die Nutzungsgebühren für Verbindungszeit, Suchbegriffe, Anzeige und Ausgabe darstellen (vgl. auch C.III.2.3.1). Für zusätzliche Verwirrung sorgt eine Vielzahl von Mengenrabatten, Paketpreisen und Sonderregelungen. Hinzu kommt, daß die komplexe Preisstruktur von Anbieter zu Anbieter in starkem Maße variiert, so daß weder die Kalkulation der voraussichtlichen Kosten noch der Vergleich zwischen einzelnen Angeboten möglich erscheint. Die extremen Abweichungen in der Preispolitik lassen sich zum Teil mit den unterschiedlichen Strategien und Zielgruppen der einzelnen Anbieter erklären.[322] Fachspezifische Hosts, die ihre Dienste einem exklusiven professionellen Kundenkreis anbieten, setzen ihre Gebühren anders an als Anbieter, die alle Kundengruppen ansprechen wollen. Bei den Nutzungsgebühren hat sich allgemein der Trend durchgesetzt, niedrigere Verbindungs- und höhere Ausgabegebühren

---

[321] vgl. hierzu **Ernst, Matthias/Köberlein, Christian:** a.a.O., S. 7.
[322] vgl. **Bucher, Rainer:** a.a.O., S. 6-7. Diese Aussage wurde von Herrn Rausch und Frau Klehm (GENIOS) bestätigt. Es wurde darauf hingewiesen, daß 80 % der Kündigungen allerdings von Nichtnutzern oder Wenig-Nutzern vorgenommen wurden und der Umsatz von Genios anstieg.

84

zu verlangen. Die Zeitgebühr als bedeutende Einnahmequelle der Hosts hat mit der Entwicklung schnellerer Modems und Datenleitungen an Gewicht verloren. Manche Anbieter (bspw. STN) lassen ihre Kunden zwischen zwei Preissystemen auswählen. Durch Eingabe des Sonderwunsches „hour-based-pricing" entfallen die Searchtermgebühren, anderenfalls wird nach Verbindungszeit, Anzeige- und Searchterm-Gebühren abgerechnet.

Bisher ist es nur wenigen Hosts gelungen, kostendeckend oder gewinnbringend tätig zu sein.[323] Dies gilt nicht nur für die staatlich geförderten Hosts, sondern bspw. auch für Verlage, deren Online-Engagement meist aus Image-Gründen stattfindet.

Um den Dauersubventionen ein Ende zu setzen, müßten jedoch die derzeitigen Preise noch drastisch erhöht werden. Weitere Preiserhöhungen lassen sich nur durch die breite Erschließung neuer Kundenkreise, die aktiv Datenbanken nutzen, vermeiden. Neue Möglichkeiten können sich für die Hosts ergeben, wenn sie ihre Datenbanken über Datex-J zugänglich machen. Bereits heute gibt es 750.000 Nutzer dieses Online-Dienstes, und man rechnet mit monatlichen Zuwächsen von ca. 20.000 Nutzern.[324]

Insgesamt kann festgestellt werden, daß der Wettbewerb der Hosts zur Zeit über Service und Produktdifferenzierung bestimmt wird.[325] Begünstigt durch die Intransparenz des Marktes spielen Preise bisher keine wettbewerbsentscheidende Rolle.

3.   Preiselastizität der Nachfrage

Bisher sind lediglich bei drastischen Preiserhöhungen, die der Nachfrager unmittelbar erkennen kann, starke Reaktionen beobachtet worden. So hatte bspw. die Einführung der hohen Grundgebühren bei GENIOS zur Folge, daß etwa 50 % der Kunden ihre Verträge kündigten.[326] Ansonsten hat sich die Nachfrage nach Datenbanken als sehr preisunelastisch erwiesen.[327] Kostenunterschiede von bis zu 40 DM pro Stunde für die Nutzung der gleichen Datenbank bewegen häufig keinen Nachfrager dazu, zum preisgünstigeren Host überzuwechseln. Dies läßt sich zum einen damit erklären, daß aufgrund der Intransparenz des Marktes kein Wissen um das Vorhandensein des günstigeren Angebots besteht. Zum anderen sind dem Nachfrager außer dem Kostenfaktor andere Kriterien wichtiger, die die Entscheidung für einen bestimmten Host beeinflussen. Qualität und Service spielen oft eine wichtigere Rolle als Preisunterschiede. Hinzu kommt, daß die Nachfrager nach dem

---

[323] vgl. **Bucher, Rainer**: a.a.O., S. 7.
[324] vgl.**Telekom (Hrsg.)**: a.a.O., S. 4.
[325] vgl. **Hügel, Reinhold**: a.a.O., S. 181.
[326] vgl. **Bucher, Rainer**: a.a.O., S. 6.
[327] vgl. **vom Kolke, Ernst-Gerd**: a.a.O., S. 119.

aufwendigen Erlernen der Retrievalsprache und des Datenbankaufbaus nicht lediglich aufgrund niedrigerer Kosten zu einem anderen Host wechseln, wo sie sich erneut diese Kenntnisse aneignen müßten.

IV.   Vergleich mit dem US-Markt

Daß die USA auf dem Online-Markt eine Vorreiterrolle einnehmen ist unbestritten und wird in nahezu allen Veröffentlichungen hervorgehoben. Im folgenden soll versucht werden, auffällige Unterschiede zum deutschen Markt sowie die begünstigenden Umstände der frühzeitigen und schnellen Entwicklung des US-Marktes ansatzweise zu untersuchen. Eine vollständige Darstellung des nordamerikanischen Online-Marktes ist nicht Gegenstand der vorliegenden Arbeit. Vielmehr geht es darum, durch den Vergleich ein besseres Verständnis für den bereits dargelegten deutschen Markt zu entwickeln.

Die Entwicklung des Online-Marktes begann in den USA, wo 1963 erstmalig eine Patent-Online-Datenbank von Derwent bereitgestellt wurde.[328] Seit dieser Zeit dominieren weltweit US-amerikanische Anbieter. Die Wachstumsraten des nordamerikanischen Online-Marktes lagen seit Anfang der 70er Jahre durchschnittlich bei 23 % pro Jahr.[329] Der Höhepunkt war mit 25-30 % Ende der 70er/Anfang der 80er Jahre erreicht. Daraufhin flachten die Wachstumsraten wieder etwas ab, während auf dem westeuropäischen Markt ein Wachstumsschub einsetzte. Bei der Entwicklung des europäischen Datenbank-Marktes kann im Vergleich zu den USA eine zeitliche Verzögerung von 3-4 Jahren festgestellt werden.[330] Auch heute noch werden ca. ¾ aller Datenbanken in Nordamerika produziert. Laut Frost&Sullivan können in Europa lediglich 2.000 (27 %) der weltweit angebotenen Datenbanken erreicht werden.[331] Der Anteil US-amerikanischer Anbieter am weltweiten Umsatz beträgt 75 %. In den letzten Jahren ging dieser Anteil jedoch zugunsten europäischer und japanischer Anbieter leicht zurück. Für das Jahr 1993 gab der Electronic Information Report die Online-Umsätze US-amerikanischer Anbieter mit 5,7 Mrd. Dollar an.[332] Das entspricht einer Steigerungsrate von 14,6 % gegenüber dem Vorjahr. Auch auf dem amerikanischen Online-Markt ist ein erheblicher Konzentrationsgrad festzustellen. An dem genannten Umsatz von insgesamt 49 Anbietern sind Dun&Bradstreet mit 4.234,8 Mio. Dollar und Reuters mit 2.774 Mio. Dollar in herausragendem Maße beteiligt. Der Anteil der

[328] vgl. **Hügel, Reinhold:** a.a.O., S. 30.
[329] vgl. zu den folgenden Ausführungen **Becker, Jörg/Bickel, Susanne:** a.a.O., S. 71.
[330] vgl. **Gertz, Winfried:** Durch Multimediatechnik wird das Recherchieren interessanter, in: Handelsblatt Nr. 95 vom 17.05.1995, S. B 2.
[331] vgl. **Gertz, Winfried:** a.a.O., S. B 2.
[332] vgl. zu den folgenden Ausführungen o.V.: Was die US-Online-Anbieter 1993 einnahmen, in: Password 9/94, S. 3.

86

vielen kleinen Datenbankproduzenten und -anbieter, die schon nach kurzer Zeit wieder vom Markt verschwinden, liegt in den USA noch höher als in Europa.[333] Vorteilhaft für die US-amerikanischen Anbieter ist der riesige Inlandsmarkt, der bspw. größer als der gesamte europäische Markt ist.[334] Es gibt kaum staatliche Einrichtungen oder Infrastruktureinrichtungen mit subventionierten Preisen, so daß höhere Preise als in Deutschland durchsetzbar sind. Auch auf Auslandsmärkten spielen amerikanische Anbieter und deren Tochterunternehmen eine herausragende Rolle. Dieses Übergewicht gab den Anlaß zu zahlreichen Diskussionen über eine eventuelle Abhängigkeit anderer Nationen vom US-Markt.

Die Vorreiterrolle der USA zeigt sich darüber hinaus in der weiter fortgeschrittenen Entwicklung im Bereich der Informationsvermittler.[335] Bereits vor ca. 25 Jahren etablierten sich privatwirtschaftlich organisierte Informationsbroker in Kleinunternehmen und seit 1972 existiert ein Berufsverband, der „Association of Independent Informations Professionals". Die Zahl der Informationsvermittler kann auf weit über 1.000 geschätzt werden, wobei die Großunternehmen eine dominante Stellung einnehmen. Positiv für die vielen kleinen, häufig spezialisierten Informationsvermittler ist die Größe des nationalen Marktes sowie die Vielzahl großer Marktnischen für fachlich, branchenmäßig oder regional orientierte Broker. Informationsvermittler in den USA realisieren in stärkerem Maße Kooperationen mit Kollegen, bspw. über Bulletin Boards, um hohe Grundgebühren der Hosts zu umgehen und interdisziplinäre Anfragen besser bearbeiten zu können.[336]

Insgesamt zeigt sich der amerikanische Datenbank-Markt offener, flexibler und fortschrittlicher, nicht nur im Bereich der Online-Datenbanken. Bspw. wurden in den USA analog zum Video-Verleih bereits die ersten Rent-a-ROM-Läden gegründet.[337] Auch von der Nutzerseite her besteht eine hohe Aufgeschlossenheit gegenüber neuen Technologien, die die Ausweitung des Online-Marktes begünstigt.[338] Die Nutzung des PCs besitzt einen hohen Stellenwert, dem bereits bei der Ausbildung in Schulen Rechnung getragen wird. Darüber hinaus haben amerikanische Nutzer ein stärker ausgeprägtes Informationswertbewußtsein. Die Verbreitung der Datenbanknutzung kann daher nicht durch geringe Zahlungsbereitschaft und Akzeptanzprobleme behindert werden. Zudem ist eine weitaus höhere Bereitschaft zur Übergabe von Informationsangelegenheiten an Spezialisten zu beobachten als bspw. in der BRD.[339] Die strategische Bedeutung der Informationsbeschaffung wurde von den US-Unternehmen früher erkannt. Viele von ihnen übertragen die Verantwortung für

[333] vgl. **Scientific Consulting Dr. Schulte-Hillen BDU:** Der internationale Markt..., Band I, S. 35-36.
[334] vgl. **Scientific Consulting Dr. Schulte-Hillen BDU:** Der internationale Markt..., Band I, S. 49.
[335] vgl. zu den folgenden Ausführungen Schmidt, Ralph: a.a.O., S. 236 ff.
[336] vgl. **Bucher, Rainer:** a.a.O., S. 6.
[337] vgl. **Bhattacharjee, Edda:** Glänzende Scheibe mit glänzender Zukunft, in: Cogito 2/94, S. 7.
[338] vgl. bspw. **Nink, Hermann:** a.a.O., S. 101.
[339] vgl. **Schmidt, Ralph:** a.a.O., S. 178.

Informationsfragen der Geschäftsleitungsebene. Die allgemein höhere Bereitschaft zur Datenbanknutzung sollte jedoch nicht darüber hinwegtäuschen, daß auch in den USA mittelständische Unternehmen noch nicht in breitem Umfang Online-Datenbanken für die Informationsgewinnung einsetzen.[340]

Auf dem US-amrikanischen Telekommunikationsmarkt herrscht - abgesehen von abgegrenzten Regionen - schon lange Wettbewerb.[341] Da jedermann der Aufbau eigener Datennetze ermöglicht wird, etablierten sich in den USA vorwiegend „integrierte Informationsanbieter", die Datenbankproduktion und -vertrieb über eigene Rechner und Netze realisieren. Der Wettbewerb hat zu erheblich günstigeren Preisen für Telekommunikationsdienstleistungen geführt. In Deutschland hingegen ist die Telekommunikation gegenwärtig noch durch das Monopol der Telekom bestimmt, wodurch sowohl höhere Preise als auch schlechterer Service (bspw. beim Beantragen eines Datex-P-Anschlusses) bedingt werden.

D.   Der CD-ROM-Markt

Auf dem Markt für Datenbanken spielt neben den Online-Datenbanken mittlerweile auch das optische Speichermedium CD-ROM eine wesentliche Rolle. Obwohl sich in letzter Zeit vor allem Fachzeitschriften intensiv mit dem neuen Medium auseinandersetzen, gibt es kaum umfassende Untersuchungen über die Entwicklungen des CD-ROM-Marktes. Neben Abhandlungen zu technischen Aspekten der CD-ROM wird insbesondere die Verdrängung oder Ergänzung der Online-Datenbanken durch CD-ROM-Anwendungen diskutiert.[342]

Der Markt für CD-ROM-Datenbanken begann sich - wie der Online-Markt auch - zunächst in Nordamerika zu entwickeln.[343] Die enormen Zuwachsraten, die dem jungen CD-ROM-Markt von vielen Marktforschern vorhergesagt wurden, blieben vorerst aber aus. Dennoch kann das Wachstum des CD-ROM-Marktes seit Mitte der 80er Jahre als stetig und solide bezeichnet werden.[344] Der eigentliche Wachstumsschub setzte weltweit erst ab 1988/89 ein. Diese Entwicklung wurde vor allem durch den wachsenden PC-Markt und die zunehmende Verbreitung von CD-ROM-Laufwerken bei sinkenden Preisen begünstigt. CD-ROM-Laufwerke kosteten 1986 noch rund 10.000,- DM und werden heute bereits ab 200,- DM

---

[340] vgl. **Scientific Consulting Dr. Schulte-Hillen BDU**: Betätigungsmöglichkeiten..., S. 103.
[341] vgl. zur Telekommunikation auch o.V.: Zum Wohle des Kunden, in: iwd Nr. 22 vom 01. Juni 1995, S. 4-5.
[342] vgl. **Bhattacharjee, Edda**: a.a.O., S. 5 und Klaes, Gerhard: Online oder CD-ROM, in: Cogito 1/90, S. 5-12.
[343] vgl. **Koch, Hartmut**: Ein Markt im Aufbruch?, in: Cogito 6/92, S. 5.
[344] vgl. **Koch, Hartmut**: Ein Markt im Aufbruch?,... S. 2.

verkauft.[345] Der niedrige Preis der Lesegeräte läßt sich darauf zurückführen, daß zwischen der sehr weit verbreiteten Audio-CD und der CD-ROM keine prinzipiellen Unterschiede bestehen.[346]

I.   Das Angebot

Den Marktbeobachtungen von Scientific Consulting zufolge stieg die Zahl der weltweit verfügbaren CD-ROM-Produkte von ca. 600 im Jahr 1990 über 2.000 (1992) auf mehr als 7.000 im Jahr 1994/95 an.[347] Diese Angaben lassen Inhouse- und Demonstrationsanwendungen unberücksichtigt. Neben den kommerziell verfügbaren CD-ROMs existieren auch Anwendungen für geschlossene Benutzergruppen, wie bspw. Apotheker und KFZ-Händler.[348] Noch 1986 wurden sämtliche CD-ROMs in Nordamerika oder Japan hergestellt, da kein europäisches Unternehmen zu ihrer Produktion in der Lage war. Aufgrund stark sinkender Herstellungskosten, die mittlerweile bei einer Auflage von 1.000 Stück unter 2,- pro CD-ROM liegen, konnten sich zunehmend konkurrierende Unternehmen auf dem Markt etablieren.[349] Bis heute überwiegen CD-ROM-Produkte aus Nordamerika, obwohl europäische Angebote beachtlich aufholen. Es kann davon ausgegangen werden, daß ca. 60 % der Umsätze mit kommerziellen CD-ROM-Titeln von US-amerikanischen Anbietern erzielt werden.[350] Das Produktspektrum konnte entscheidend ausgeweitet und bspw. durch höhere Updating-Intervalle verbessert werden. Das deutsche Angebot an Wirtschafts-CD-ROMs stieg mit einem Zeitverzug von ca. 5 Jahren in gleichem Umfang wie das Online-Angebot.[351] Den Marktuntersuchungen von Bredemeier und Schwuchow zufolge werden in Deutschland mit CD-ROMs 70 % der Gesamtumsätze des Offline-Marktes getätigt.[352] Sie beliefen sich 1994 auf 177,7 Mio. DM. Gegenüber dem Vorjahr konnte so eine Steigerung um 30 % erreicht werden. Diese Steigerungsrate ist fast 2 ½ mal so hoch wie die Zuwächse des Online-Marktes.

---

[345] vgl. **Koch, Hartmut**: Ein Markt im Aufbruch?,... S. 2; **Scientific Consulting Dr. Schulte-Hillen**: Handbuch lieferbarer CD-ROMs 1994, Köln 1994, S. IX; Schmidt, Helga: Jetzt geht's rund, in: Cogito 1/95, S. 39.
[346] vgl. **Ulbricht, Hans W.**: a.a.O., S. 2 und **van Kempen, Martin**: a.a.O., S. 63.
[347] vgl. **Koch, Hartmut**: Ein Markt im Aufbruch?,... S. 2 und **Scientific Consulting Dr. Schulte-Hillen**: Handbuch..., S. IX.
[348] vgl. **Phillip, Robert/Matthies, Bernd**: a.a.O., S. 287.
[349] vgl. **Koch, Jürgen**: Dünne silberne Scheiben ersetzen dicke Bücher, in: Handelsblatt Nr. 95 vom 17.05.1995, S. B5.
[350] vgl. **Otremba, Gertrud/Schwuchow, Werner**: a.a.O., S. 37-38.
[351] vgl. **Göbel, Ruth/Müller-Bader, Peter**: Wirtschaftsinformationen, in: Cogito 2/94, S. 8.
[352] vgl. zu den folgenden Ausführungen **Bredemeier, Willi**: a.a.O.

Tabelle 14:

Umsätze mit CD-ROMs in Mio. DM

1989	1990	1991	1992	1993	1994
15,0	30,0	53,0	106,0	136,3	177,7

Quelle: **Bredemeier, Willi:** Presseinformation zur INFOBASE anläßlich der Pressekonferenz am 12.05.1995, Frankfurt, S. 8.

1. Die CD-ROM-Anbieter

Die meisten Informationsanbieter auf dem CD-ROM-Markt stammen aus dem Verlagswesen oder dem Online-Markt. Obwohl einige der etablierten Datenbankproduzenten und -hersteller CD-ROMs als Bedrohung ihres Online-Geschäfts ansehen und mit dem Ausbau von Gateways und bestehenden Angeboten reagieren, hat eine Vielzahl von ihnen die CD-ROM-Technologie als Chance für die Ausweitung ihrer Aktivitäten und Schaffung alternativer Vertriebswege erkannt und bietet ihre Online-Datenbanken nun auch als CD-ROM-Versionen an (z.B. Bertelsmann, Hoppenstedt, Dialog).[353] Die Möglichkeiten, neue Kundengruppen zu erreichen, werden von Praktikern jedoch eher zurückhaltend eingeschätzt. Vielmehr spricht man die bisherigen Nutzer aus dem Print- und Onlinebereich an und hofft auf eine Parallelnutzung der verschiedenen Medien. Die von allen Anbietern als Problemgruppe eingestuften KMU sollen über CD-ROM an elektronische Informationsdienste herangeführt werden. Vorteilhaft für viele Anbieter ist, daß die potentiellen Kunden schon aus dem Printbereich bekannt sind und meist Einkaufsführer oder Firmenverzeichnisse benutzen, bei denen die Vorteile durch mehrdimensionale Suchbegriffe etc. relativ schnell ersichtlich werden.

2. Produktspektrum

Die CD-ROM-Produktentwicklung orientierte sich zunächst vor allem an professionellen Nutzern und wurde als alternatives Medium für die Verbreitung bereits online verfügbarer Datenbanken angesehen.[354] Erst nach und nach versuchten die Anbieter, mit geeigneten Multimedia-Anwendungen für die Bereiche Weiterbildung, Unterhaltung und Spiele Massenmärkte zu erschließen. Diese Strategie wurde von US-amerikanischen und japanischen Anbieter früher verfolgt als von europäischen Unternehmen. In den letzten

---

[353] vgl. **Koch, Hartmut:** Ein Markt im Aufbruch?,... S. 4.
[354] vgl. **Otremba, Gertrud/Schwuchow, Werner:** a.a.O., S. 36.

Jahren ist die Zahl der Sachgebiete, für die CD-ROMs angeboten werden, rapide ange-
stiegen. Aufgrund ihrer speziellen Eigenschaften, bspw. der enormen Speicherkapazität und
Robustheit sowie der Einsatzfähigkeit als digitales, multimediales Medium, sind CD-ROMs
für bestimmte Anwendungen (bspw. Patente) besonders gut geeignet. Nach wie vor stammt
der größte Teil der Produkte (ca. 40 %) aus dem Online-Bereich, obwohl sich zunehmend
neue Produktgruppen auf dem Markt etablieren.[355] *Wirtschaftsinformationen*, die vielfach
auch als Online-Datenbanken angeboten werden, stellen das größte Marktsegment dar. In
diesem Bereich spielen vor allem die bereits als Printprodukte bekannten Einkaufsführer
„Wer liefert Was?", „ABC der deutschen Wirtschaft" und „Liefern & Leisten" eine große
Rolle.[356] Die angebotenen CD-ROM-Informationen aus den Gebieten *Naturwissenschaft,*
Technik, Patente sind ebenfalls größtenteils über Online-Datenbanken erhältlich. Besonders
im Patentbereich sind CD-ROMs jedoch vorteilhaft, da sie hervorragende Möglichkeiten zur
Wiedergabe von Graphiken und den Zugriff auf bibliographische und/oder Volltextdaten-
banken mit Faksimile-Darstellungen der Patentschriften bieten. Der Anteil der CD-ROM-
Produkte für den Bereich *Geisteswissenschaften* an der gesamten CD-ROM-Produktion
liegt etwa doppelt so hoch wie im Bereich Online-Datenbanken (1992 10 % aller CD-
ROMs, 5 % aller Online-Datenbanken).[357] CD-ROMs sind aufgrund ihrer hohen Speicher-
kapazität für die oft umfangreichen Werke prädestiniert, die außerdem geringe Anforderun-
gen an die Aktualisierung stellen. Als Standardbeispiel wird häufig die Bibel mit Kommenta-
ren im Volltext angeführt.[358] *Rechtsinformationen* stellen ein weiteres Teilgebiet dar, für das
CD-ROM sinnvoll eingesetzt werden können. Die renommierte JURIS-Datenbank auf CD-
ROM kann gegebenenfalls durch Online-Recherchen um aktuelle Angaben ergänzt werden.
Für *multidisziplinäre* Anwendungen existieren insbesondere Bibliothekskataloge und
Bücher- und Zeitschriftenverzeichnisse (bspw. das Verzeichnis lieferbarer Bücher VLB).
Abgesehen von den bisher genannten Bereichen, die bereits von Online-Datenbanken
weitgehend abgedeckt werden, gibt es zunehmend CD-ROM-Produkte für neue
Anwendungsfelder. Dazu gehören Computerspiele, Multimedia-Anwendungen (bspw.
Sprachkurse), Public Domain Software/Shareware und Kartenwerke. Diese vorwiegend
graphik- und bildorientierten Produkte können aufgrund begrenzter Möglichkeiten der
Bildübertragung über Telekommunikationsnetze nicht online angeboten werden.
Für bestimmte Zielgruppen werden außerdem dem Bedarf angepaßte, inhaltlich individuelle
CD-ROMs bereitgestellt.

---

[355] vgl. zu den folgenden Ausführungen Koch, Hartmut: Ein Markt im Aufbruch?,... S. 3-5.
[356] vgl. Klaes, Gerhard: a.a.O., S. 6 und Phillip, Robert/Matthies, Bernd: a.a.O., S. 289.
[357] vgl. Koch, Hartmut: Ein Markt im Aufbruch?,... S. 3.
[358] vgl. bspw. Sandmaier, Wolfgang: a.a.O., S. 121.

Laut Scientific Consulting Dr. Schulte-Hillen gab es 1994/95 weltweit 7.253 CD-ROM-Produkte. Diese teilten sich wie folgt auf die unterschiedlichen Sachgebiete auf:

Tabelle 15:

Weltweites CD-ROM-Angebot nach Sachgebieten 1994/95

Wirtschaftsinformationen	1.405
Naturwissenschaft, Technik, Patente	1.293
Desktop-Publishing, Grafik, Clip-Art, Bild-Bibliotheken, Fonts	987
Sprachkurse, Lernprogramme usw.	701
Sozial- und Geisteswissenschaften	648
Computerspiele, Multi-Media-Bilderbücher	584
Rechtsinformationen	531
Shareware/Public Domain Software, Sound-Bibliotheken usw.	345
Multidisziplinär	263
Landkarten, Pläne usw.	255
Nachrichten, Zeitungen	142
Sonstiges	99

Quelle: Koch, Jürgen: Dünne silberne Scheiben ersetzen dicke Bücher, in: Handelsblatt Nr. 95 vom 17.05.1995, S. B 5.

II.   Die Nachfrage

1.   Vorteile und Nachteile der CD-ROM-Nutzung

Gegenüber traditionellen Informationsmedien weisen CD-ROMs ähnliche Vorteile wie Online-Datenbanken auf, die vor allem in einer gezielten und effizienten Recherche durch Angabe bestimmter Suchkriterien und deren Verknüpfung bestehen. Technisch und organisatorisch ist eine Aktualisierung von CD-ROMs zwar alle 24 Stunden möglich, aus wirtschaftlichen Gründen findet sie in der Regel jedoch 4-12 mal jährlich statt.[359] Deshalb sind Informationen aus CD-ROMs den Online-Informationen im Hinblick auf den Aktualitätsgrad unterlegen. Bei fortlaufendem Bezug der jeweils aktuellsten Version werden von vielen Anbietern (bspw. ABC der deutschen Wirtschaft) Rabatte gewährt. Im Gegensatz zu Online-Datenbanken wahrt der Nutzer bei der Datenbankabfrage über CD-ROM seine Unabhängigkeit von Leitungen, Hostrechnern und Übertragungsgeschwindigkeiten.[360] Die Beantragung einer Netzzugangsberechtigung fällt ebenso weg wie der Abschluß von Host-

---

[359] vgl. Phillip, Robert/Matthies, Bernd: a.a.O., S. 289.
[360] vgl. Göbel, Ruth/Müller-Bader, Peter: a.a.O., S. 8.

92

verträgen. Stattdessen wird einmalig ein Kaufvertrag oder gegebenenfalls zusätzlich ein Aktualisierungsvertrag abgeschlossen. Wenn häufig dieselbe Datenbank genutzt wird, ist die CD-ROM in der Regel billiger als eine Online-Recherche, da lediglich ihre Anschaffungs-kosten anfallen.[361] Schon bei der Ausgabe von bspw. 1.000 Adressen in der Online-Datenbank „ABC der Deutschen Wirtschaft" würde der Kauf einer CD-ROM günstiger sein.[362] Vorteilhaft ist in diesem Zusammenhang auch, daß die Kosten der CD-ROM-Nutzung fix und kalkulierbar sind. Dagegen kann bei Beginn einer Online-Recherche oft schwer abgeschätzt werden, in welcher Höhe Kosten anfallen werden. Hinzu kommt, daß beim Einsatz von CD-ROMs ohne Zeitdruck recherchiert werden kann, da die Verweilzeit in der Datenbank keine Rolle spielt. Dieser Umstand ist vor allem für ungeübte Nutzer von Bedeutung. Zudem erfolgt die Recherche meist menügesteuert und zeichnet sich durch hohe Benutzerfreundlichkeit aus.[363] Der Lernaufwand für die (ebenfalls je nach Anbieter unterschiedliche) Retrieval-Software wird für CD-ROMs deutlich niedriger eingeschätzt als für Online-Datenbanken.[364]

2. CD-ROM-spezifischer Nutzerkreis

Aus den bisherigen Ausführungen geht hervor, daß CD-ROMs für diejenigen Nutzer sinnvoll sind, die zum einen schwerpunktmäßig in einer bestimmten Datenbank recherchie-ren und zum anderen nicht auf extrem hohe Aktualität angewiesen sind. Es sei angemerkt, daß im Anschluß an eine CD-ROM-Recherche aktuelleres Wissen über eine ergänzende Online-Abfrage erlangt werden kann (vgl. D III.). Abgesehen von geschlossenen Nutzergruppen (Apotheker, Kfz-Händler...) ist bspw. für Buchhandlungen der Einsatz einschlägiger CD-ROMs (Verzeichnis lieferbarer Bücher und Deutsche Bibliographie auf CD-ROM) sinnvoll.[365] Unternehmen, die häufig Patentinformationen benötigen, können über CD-ROMs aufgrund der Verknüpfung von Bild, Text und numerischen Daten evtl. qualitativ höherwertige Informationen erhalten. Es kann vermutet werden, daß auch mittelständische Unternehmen zum CD-ROM-spezifischen Nutzerkreis zählen können, da kalkulierbare Kosten, graphische Darstellungen und Recherchieren ohne Zeitdruck einige Nutzungsbarrieren beseitigen helfen.

---

[361] vgl. auch **van Kempen, Martin**: a.a.O., S. 64.
[362] vgl. **Klaes, Gerhard**: a.a.O., S. 6.
[363] vgl. **Phillip, Robert/Matthies, Bernd**: a.a.O., S. 290 und 294.
[364] vgl. **Klaes, Gerhard**: a.a.O., S. 12.
[365] vgl. **Klaes, Gerhard**: a.a.O., S. 8.

III.   CD-ROM und Online-Datenbanken: Substitution oder Ergänzung?

Das Wachstum des jungen CD-ROM-Marktes gab in der Vergangenheit Anlaß zu kontroversen Diskussionen über die mögliche Verdrängung von Online-Produkten aus dem Datenbank-Markt. Der erwartete Boom auf dem CD-ROM-Markt blieb jedoch zunächst aus. Dennoch ist zu beobachten, daß der Anteil von Online-Datenbanken am gesamten Datenbankangebot leicht sinkt, während CD-ROMs zunehmen. Die Marktstudie von Martha E. Williams weist für den Datenbankmarkt 1993 61 % (1989: 65 %) Online-Datenbanken und 18 % (1989: 15 %) CD-ROMs aus.[366] Das Verhältnis der neuen Informationsmedien wurde zunehmend nüchterner und sachlicher analysiert. Eine Substitution der Online-Datenbanken durch CD-ROMs wird v.a. im Bereich technisch-wissenschaftlicher Informationen und bei Nachschlage-Datenbanken erwartet.[367] Generell stehen der Durchsetzung von CD-ROMs ähnliche Hindernisse entgegen wie der Ausbreitung von Online-Datenbanken. Als entwicklungshemmend stellen sich vor allem Akzeptanzprobleme, unzureichende Retrievaloberflächen und die Intransparenz des Angebots dar.[368] Aufgrund der bereits aufgezeigten Vorteile sind für CD-ROMs einige Problembereiche von geringerer Bedeutung. Auf der anderen Seite weisen sie auch Nachteile gegenüber Online-Datenbanken auf. Bei der Bereitstellung von sehr aktuellen Informationen sind CD-ROMs den Online-Datenbanken deutlich unterlegen. Außerdem ist die Unterstützung der Nutzer bei auftretenden Rechercheschwierigkeiten schlechter. Während Online-Anbieter meist rund um die Uhr Help-Desks bereithalten, ist der Nutzer beim CD-ROM-Einsatz in Problemsituationen weitgehend auf sich gestellt.

Aus diesen Überlegungen heraus sind sich die Fachleute inzwischen weitgehend darüber einig, daß die engere Verknüpfung von Online- und CD-ROM-Datenbanknutzung die zukünftige Entwicklung bestimmen wird. Da viele Datenbanken sowohl online als auch auf CD-ROM angeboten werden, bietet sich die Parallelnutzung beider Medien an.[369] CD-ROMs eignen sich in diesem Sinne vor allem zur kostengünstigen, benutzerfreundlichen Vorrecherche, die im Anschluß durch eine ergänzende Recherche in Online-Datenbanken aktualisiert werden kann.

---

[366] vgl. o.V.: 1993: Electronic Services und Shareware im Kommen, in: Password 3/94, S. 6.
[367] vgl. Gertz, Winfried: a.a.O., S. B2.
[368] vgl. Klaes, Gerhard: a.a.O., S. 6.
[369] vgl. Phillip, Robert/Matthies, Bernd: a.a.O., S. 66 und Klaes, Gerhard: a.a.O., S. 11.

IV. Fazit

Die vorangegangenen Ausführungen haben gezeigt, daß CD-ROMs eine zunehmend wichtige Rolle auf dem Datenbankmarkt spielen. Nachdem zunächst nur CD-ROM-Versionen bestehender Online-Datenbanken angeboten wurden, etablieren sich mittlerweile immer mehr Produkte für neue Anwendungsfelder. Aufgrund ihrer Multimedia-Fähigkeit kann die CD-ROM besonders sinnvoll für Einsatzbereiche, die graphische Darstellungen erfordern, genutzt werden. Der größte Nachteil der CD-ROM im Vergleich zu Online-Produkten besteht in der geringeren Aktualität der Datenbank. Vorteilhaft wirkt sich hingegen vor allem die Unabhängigkeit von Leitungen, Hostrechnern und Übertragungs-geschwindigkeiten aus. Trotz ähnlicher Hemmschwellen wie bei Online-Datenbanken (Retrievalsprachen, Akzeptanz...) könnte die CD-ROM-Nutzung insbesondere für KMU interessanter sein, da die Kosten kalkulierbarer sind und die Recherche ohne Zeitdruck stattfinden kann. Zudem erfolgt die Informationsabfrage meist menügesteuert und ist deshalb für den gelegentlichen Nutzer einfacher zu bewerkstelligen. Allerdings ist unter Kostenaspekten der kontinuierliche Einsatz der Datenbanken erforderlich. In KMU besteht jedoch oft nur sporadischer Bedarf an bestimmten Informationen aus Datenbanken. Lediglich Einkaufsführer und Firmendatenbanken werden wahrscheinlich in den meisten Unternehmen intensiv - bisher hauptsächlich als Printmedien - genutzt. Gerade für diese Informationsquellen sehen Fachleute bedeutende Potentiale im Mittelstand. Darüber hinaus wird vor allem für den Bereich technisch-wissenschaftlicher Informationen eine Substitution der Online-Datenbanken durch CD-ROMs erwartet. Für KMU, die intensiv F&E betreiben, könnte die Nutzung von Patentdatenbanken auf CD-ROM eine sinnvollere Lösung sein, da zusätzlich zu den genannten Vorteilen vor allem die graphischen Darstellungen aufschluß-reich sein können. Die Möglichkeiten einer breiten Verdrängung der Online-Datenbanken durch CD-ROMs wird nach wie vor intensiv diskutiert. Es besteht zur Zeit weitgehende Einigkeit darüber, daß zukünftig eine stärkere Parallelnutzung stattfinden wird, um die Vorteile der beiden Medien miteinander zu kombinieren.

E.   Staatliche Fördermaßnahmen

Die Diskussionen um Art und Ausmaß staatlicher Förderung im Verhältnis zu privat-
wirtschaftlichen Aktivitäten stehen in engem Zusammenhang mit dem Charakter des Gutes
„Fachinformation". Es stellt sich zunächst die Frage, ob Fachinformationsdienste den
öffentlichen Gütern zuzuordnen sind, deren Produktion und Verteilung vom Staat
kontrolliert werden sollte, oder als private Güter dem Marktmechanismus überlassen bleiben
sollen.[370] Bei den öffentlichen Gütern kann man zwischen zwei Arten unterscheiden. Zum
einen gibt es Güter, bei denen das Ausschlußprinzip nicht gilt und die jedem in gleichem
Umfang zugute kommen (Verteidigung, innere Sicherheit, Umweltschutz...). Bei der
zweiten Kategorie, den meritorischen Gütern, ist das Ausschlußprinzip zwar technisch
anwendbar, jedoch nicht wünschenswert, da über den Markt eine unzureichende
Versorgung erzielt würde (Post, Theater, öffentlicher Verkehr...). Eingriffe des Staates bei
Allokation und Distribution solcher Güter sind umstritten. Eine reine Marktlösung kann
jedoch dazu führen, daß die Preise zu hoch sind, um jedem Staatsbürger gleichermaßen den
Konsum zu ermöglichen. Da meritorische Güter zudem von großem gesellschaftlichen
Nutzen sind, wird über staatliche Subventionen eine Ausdehnung der Nachfrage angestrebt.
Fachinformationsdienste können in den fließenden Grenzbereich zwischen öffentlichen und
privaten Gütern eingeordnet werden. Im allgemeinen zählen sie zu den meritorischen Gütern
und ihre Bereitstellung wird nicht allein über den Markt geregelt. Diese Einordnung hängt
jedoch auch davon ab, um welche Art von Fachinformation es sich handelt. So sind bspw.
Wirtschaftsinformationen eher als private Güter einzustufen als geisteswissenschaftliche
Informationen. Da es im Fachinformationsbereich sowohl zu Marktversagen als auch zu
Staatsversagen kommen kann, durchzieht die Diskussion um mehr Markt oder mehr Staat
die gesamte Entwicklung der Fachinformationspolitik.

I.   Deutschland

1.   Entwicklung der Fachinformationspolitik der Bundesregierung

Die staatliche Förderung des Bereichs Fachinformation, der in den Anfängen als
„Information und Dokumentation" (IuD) bezeichnet wurde, hat in der BRD eine lange
Tradition. Sie basiert auf der Einschätzung, daß der Informationsversorgung ein hoher
Stellenwert im Hinblick auf die Wettbewerbsfähigkeit der deutschen Volkswirtschaft

---

[370] vgl. zu den folgenden Ausführungen Schwuchow, Werner: Informationsökonomie..., S. 974-976.

zuzuschreiben sei.[371] Bereits 1961 wurde das Institut für Dokumentation (IDW) in Frankfurt gegründet.[372] 1962 legte der Präsident des Bundesrechnungshofes ein Gutachten vor, in dem die Bedeutung der Dokumentation als kostensparendes Hilfsmittel für die Wissenschaft herausgestellt und eine eindeutige Zuordnung dieses Bereichs zu den staatlichen Aufgaben vorgenommen wurde. Im Jahre 1963 wurde im Bundesministerium für wissenschaftliche Forschung, dem späteren BMFT, ein Referat für Dokumentation eingerichtet. Dort wurden im Laufe der 60er Jahre Überlegungen, Ansätze und Leitlinien für die Gestaltung der nationalen IuD-Politik entwickelt, die schließlich in Zusammenarbeit mit Fachausschüssen und Beratungsgremien aus Wissenschaft, Wirtschaft und Verwaltung im ersten IuD-Förderungsprogramm verankert wurden. Als Globalziel wurde der Ausbau der Informationsdienstleistungen verfolgt, zu denen ein leichter Zugang sichergestellt werden sollte. Die bestehenden Mängel im IuD-Bereich sollten behoben werden, indem die „strukturlose IuD-Landschaft" durch Schaffung leistungsfähiger Betriebseinheiten (Fachinformationssysteme) umgestaltet und die Infrastruktur auf breiter Basis geschaffen bzw. verbessert wird.[373] In diesem Zusammenhang wurde 1977 die Gesellschaft für IuD (GID) gegründet. Darüber hinaus war die Stärkung von F&E und die Realisierung einer geschlossenen Ausbildungskonzeption vorgesehen. Bei der Verwirklichung des Programms wurden jedoch zwei zentrale Problembereiche deutlich: Zum einen gab es Schwierigkeiten bezüglich der Abgrenzung von Bund- und Länderkompetenzen und der zentralen Zuständigkeit für die IuD auf Bundesebene. Zum anderen wurde deutlich, daß die IuD als Staatsaufgabe in Frage gestellt werden mußte und die Grenze zwischen privatwirtschaft- lichen Aktivitäten einer Neubestimmung bedurfte. Darüber hinaus entstanden Diskussionen über die langfristige Finanzierung der Informationsdienstleistungen. So wurde 1982 der „Leistungsplan Fachinformation - Planperiode 1982 - 1984" veröffentlicht, in dem von dem idealistischen Anfangskonzept nur noch wenig übrig blieb. Vielmehr wurde die Wirtschaft- lichkeit der anzubietenden Fachinformation herausgestellt und das staatliche Engagement von kommerziell erschließbaren Teilmärkten abgegrenzt. Fragen der fachspezifischen Ausbildung wurden nicht mehr aufgegriffen. 1983 wurden in einem Gutachten des Bundes- rechnungshofes Vorschläge für eine Neugestaltung unterbreitet, die sich im 1985 veröffent- lichten Fachinformationsprogramm niederschlugen. Ein weiteres Gutachten, das vom Wissenschaftsrat 1984 verfaßt wurde, stellt die Unzulänglichkeiten der GID heraus, so daß

---

[371] vgl. **Hügel, Reinhold:** a.a.O., S. 74.
[372] vgl. zu den folgenden Ausführungen **Seeger, Thomas:** Informationspolitik - IuD-Politik - Fachinformationspolitik, in: Buder, Marianne / Rehfeld, Werner / Seeger, Thomas: Grundlagen der praktischen Information und Dokumentation, Band 2, 3. Auflage, München 1990, S. 860 ff.
[373] vgl. **Seeger, Thomas:** a.a.O., S. 863.

diese schrittweise aufgelöst wurde. Das Fachinformationsprogramm 1985-1988 präzisierte die Zuständigkeiten des Bundes in Abgrenzung zur Privatwirtschaft. Als Hauptziele wurden

- die Verbesserung der Rahmenbedingungen des Fachinformationsmarkts,
- die Stärkung des Informationstransfers,
- die Sicherung des grenzüberschreitenden Datenverkehrs,
- die Erhöhung der Nutzung und Akzeptanz der Fachinformation und
- die Verbesserung der Marktchancen der deutschen Wirtschaft

genannt.[374] Die Bundesregierung verfolgte primär die Verbesserung der Privatinitiative und einen höheren Kostendeckungsgrad für Datenbanken, so daß sich die Fachinformation langfristig selbst tragen kann.[375] Von Kritikern wird jedoch auf die begrenzte Finanzierbarkeit von Datenbanken der Bereich Wissenschaft und Forschung über den Markt und die erhebliche Konkurrenz mit traditionellen Informationsmitteln hingewiesen.[376] Mit dem Modellversuch Informationsvermittlung, der Informationsvermittlungsstellen bei privaten Beratungsunternehmen, wirtschaftsnahen Organisationen und wissenschaftlichen Instituten fördert, wurde das Ziel verfolgt, insbesondere KMU den Zugang zu Online-Fachinformationen zu erleichtern.[377] Im Fachinformationsprogramm der Bundesregierung 1990-1994 werden Aus- und Weiterbildung und F&E wieder in den Zielkatalog aufgenommen, der darüber hinaus den

- Auf- und Ausbau einer leistungsfähigen Infrastruktur (Fachinformationszentren, wissenschaftliche Bibliotheken)
- Sicherung des Zugriffs auf internationale Fachinformation
- Weiterentwicklung des deutschen Angebots
- Steigerung der Nutzung (Hochschulen, Forschungseinrichtungen, KMU)

vorsieht.[378] Im Hinblick auf die seit dem IuD-Programm existierenden Fachinformationseinrichtungen wird nach wie vor das Ziel verfolgt, den Kostendeckungsgrad und das marktwirtschaftliche Verhalten weiter zu steigern.[379] Der Kostendeckungsgrad der 15 geförderten Fachinformationseinrichtungen liegt im Durchschnitt bei 40,5 %. DIMDI gibt an, im Bereich Datenbanken einen Kostendeckungsgrad von ca. 80 % zu erreichen. Die Bundesregierung stellt bei den Ergebnissen der bisherigen Fachinformationspolitik zwar heraus, daß sich die Fachinformationseinrichtungen immer mehr an den Erfordernissen des

---

[374] vgl. **BMFT** (Hrsg.): Fachinformationsprogramm 1985-1988 der Bundesregierung, Bonn 1985, S. 17 ff.
[375] vgl. **BMFT** (Hrsg.): Fachinformationsprogramm der Bundesregierung mit Zwischenbilanz 1986, Bonn 1987, S. 97.
[376] vgl. **Becker, Jörg / Bickel, Susanne:** a.a.O., S. 95 f.
[377] vgl. **Schmidt, Ralph / Wellems, Christine:** Der Modellversuch Informationsvermittlung - eine Bilanz, in: Nachrichten für Dokumentation 1/92, S. 3.
[378] vgl. **BMFT** (Hrsg.): Fachinformationsprogramm der Bundesregierung 1990-1994..., S. 21 und S. 24 ff.
[379] vgl. **BMFT** (Hrsg.): Fachinformationsprogramm der Bundesregierung 1990-1994..., S. 28.

98

Marktes orientieren, erwähnt aber auch die Notwendigkeit eines besseren Marketings.[380] Mittlerweile betreiben vier Fachinformationseinrichtungen einen Host: FIZ Karlsruhe im Rahmen von STN, DIMDI, FIZ Technik und JURIS. STN hat inzwischen eine führende Position auf dem deutschen, europäischen und weltweiten Markt für wissenschaftliche und technische Datenbanken erlangt.

Seit den Anfängen der Fachinformationsförderüng mit dem IuD-Programm 1974-1977 werden die Steigerung der Wettbewerbsfähigkeit der KMU und deren Zugang zur Fachinformation zwar regelmäßig thematisiert, aber keine konkreten Maßnahmen ausgearbeitet. Die KMU werden im Modellversuch Informationsvermittlung zwar indirekte Nutznießer der Maßnahme, aber bis 1990 galt die Aufmerksamkeit in erster Linie den Anbietern wissenschaftlicher und technischer Informationen. Von Kritikern der angebotsorientierten Förderpolitik des BMFT, die seit Jahren Anlaß zu Diskussionen gibt, wird der Modellversuch Informationsvermittlung mit seiner Nachfragestimulierung als nachträgliche Legitimation der bisher verfolgten Politik angesehen.[381] Im Fachinformationsprogramm 1990-1994 wird erstmalig ein Förderkonzept für KMU entwickelt. Es sieht den

• Aufbau von Auskunftsagenturen,

• Aus- und Weiterbildungsmaßnahmen im Informationsbeschaffungsbereich,

• Informationshilfen im Hinblick auf den EG-Binnenmarkt,

• die Verbreiterung des Angebots KMU-relevanter Information

und weitere Einzelmaßnahmen vor.[382] Entwicklung, Produktion und Angebot von KMU-spezifischen Informationen werden durch das BMWI, Maßnahmen zur Nutzungssteigerung der Fachinformation bei KMU durch das BMFT gefördert.

2. Der Modellversuch MIKUM

Einen wesentlichen Bestandteil des Förderprogrammes für KMU stellt der Modellversuch zur Informationsbeschaffung aus Datenbanken für Klein- und Mittelbetriebe (MIKUM) dar, der vom Institut der deutschen Wirtschaft im Auftrag des BMFT durchgeführt wurde und der Steigerung und Festigung der Innovations- und Forschungskraft sowie dem Abbau von Nutzungshemmnissen diente. Das Projekt begann 1991 und dauerte bis Ende 1994 an.[383]

[380] vgl. **BMFT** (Hrsg.): Fachinformationsprogramm der Bundesregierung 1990-1994..., S. 19.
[381] vgl. **Becker, Jörg / Bickel, Susanne**: a.a.O., S. 156-157.
[382] vgl. **Czermak, Michael**: Perspektiven zum Fachinformationsprogramm der Bundesregierung 1990-1994, in: Cogito 2/91, S. 2.
[383] die folgenden Ausführungen beziehen sich - soweit nicht anders angegeben - auf ein Gespräch mit Herrn Dipl.-Ing. Thomas Einsporn, Projektleitung MIKUM, im Institut der deutschen Wirtschaft (IW), Köln, am 27.01.1995 und die zum Modellversuch angefertigten Unterlagen des IW

Zunächst wurden über 25.000 Unternehmen Unterlagen und Antragsformulare zugeschickt, die möglichst kurz und unkompliziert gestaltet waren, um bei möglichst vielen Unternehmen Interesse zu erwecken. Als Überschrift der Broschüren wurde anstatt „Datenbanknutzung für KMU" oder ähnliches bewußt „Innovationsförderung für Klein- und Mittelbetriebe" gewählt, um die Unternehmen für die Teilnahme zu gewinnen. Darüber hinaus wurde die Information als Produktionsfaktor für das Unternehmen herausgestellt und die Notwendigkeit der Datenbankanwendung als Konsequenz der Informationsflut und der veränderten Umweltbedingungen betont.

2.1 Hauptziele von MIKUM

Als Hauptziele des Modellversuchs MIKUM wurden angestrebt

1. Bekanntmachung des Nutzens der Informationsbeschaffung aus Datenbanken
2. Beratung und Information von KMU zum Datenbankangebot, zur Datenbanknutzung, Informationsanalyse und Datentechnik
3. Erprobung von Datenbanken durch den Einstieg in die Nutzung zum Kennenlernen und Ausprobieren (Fördermaßnahme A)
4. Systematische, selbständige und strategische Nutzung von Datenbanken (Fördermaßnahme B)
5. Akzeptanzsteigerung
6. Einführung/Verbesserung des strategischen Informationsmanagements zur unternehmensweiten Handhabung und Nutzung von Datenbanken.

2.2 Fördermaßnahmen

Um KMU an die Datenbanknutzung heranzuführen, wurden zwei unterschiedliche Fördermaßnahmen beschlossen, die jeweils auf 1 Jahr begrenzt sind.

Die *Maßnahme A* sieht die Förderung von KMU bei Recherchen in externen Online-Datenbanken mit Unterstützung von Informationsvermittlern, die Recherchen zu Marktpreisen durchführen, vor. Für die entstehenden Kosten bis zu 10.000,- DM werden insgesamt 50 % zurückerstattet. Die Zuschüsse für den Kostenbereich von 1,- bis 3.300,- DM liegen bei 75 %, um den Unternehmen den Einstieg besonders zu erleichtern; Rechnungen über 6.700,- DM werden mit 25 % bezuschußt.

Die *Maßnahme B* unterstützt den Auf- und Ausbau betriebsinterner Informationskapazitäten zur selbständigen Datenbanknutzung. Die anfallenden Kosten werden bis zu einer Höhe von 60.000,- DM mit 50 % bezuschußt. Dabei werden sowohl Installationskosten und Recherchekosten als auch Ausgaben für Personal und Schulung berücksichtigt.

2.3 Teilnehmer

Teilnahmeberechtigt waren ursprünglich KMU mit höchstens 500 Mitarbeitern oder 100 Mio. DM Umsatz des produzierenden Gewerbes aus der Metall- und Elektroindustrie, die Forschung und Entwicklung betreiben. Da jedoch auch bei Unternehmen anderer Branchen ein großer Nachholbedarf festgestellt wurde, hat man den Modellversuch ausgedehnt. Für die 1994 begonnene „Sonderaktion neue Bundesländer", bei der alle Unternehmen mit bis zu 5.000 Beschäftigten und 1 Mrd. DM Jahresumsatz teilnehmen konnten, betragen die Zuschüsse statt 50 % für beide Maßnahmen 75 %.

2.4 Ergebnisse

Zu Beginn des Projektes rechnete man damit, daß in etwa 600-700 Teilnehmer gewonnen werden können. Verbände wurden als Multiplikatoren eingeschaltet, um möglichst viele KMU zu erreichen. Insgesamt stellten 3.127 KMU einen Teilnahmeantrag, von denen 2.523 bewilligt wurden - 1.743 für die Maßnahme A, 780 für die Maßnahme B. Darüber hinaus wurden ca. 600 Informationsvermittler angeschrieben, deren Angaben über eine Datenbank an die MIKUM A-Teilnehmer weitergegeben werden sollten. Außerdem wurden Hosts kontaktiert, deren Angebote den KMU vorgestellt werden sollten.

2.4.1 Erfahrungen mit Hosts und Informationsvermittlern

Im Verlauf des Modellversuchs konnten interessante Erkenntnisse über das Verhalten der Marktteilnehmer gewonnen werden. Erstaunlich ist vor allem, daß weder Informationsvermittler noch Hosts großes Engagement bei der Zusammenarbeit zeigten. So waren von den 600 Informationsvermittlern lediglich 270 daran interessiert, in die Datenbank aufgenommen zu werden. Dieses Verhalten läßt Rückschlüsse zu auf Defizite im Bereich Akquisition und Werbung, da nicht einmal dieser kostenlose Weg, eine Vielzahl potentieller Kunden zu erreichen, genutzt wurde. Viele Informationsvermittler betreiben ihr Geschäft jedoch nebenberuflich und wenig erfolgreich, lediglich 50-70 Informationsvermittler werden hauptsächlich genutzt. Mindestens ebenso bemerkenswert sind die Erfahrungen, die mit den Hosts gemacht wurden. Auch sie zeigten wenig Bereitschaft zur Zusammenarbeit, bspw. bei der Bereitstellung von Informationsmaterial oder Zugangsberechtigungen. So ließen sie die Vermarktungsmöglichkeiten, die sich über MIKUM boten, unberücksichtigt, obwohl die Datenbankanbieter KMU durchgängig als schwierig erreichbare Zielgruppe einstufen. Es könnte vermutet werden, daß 50 % staatliche Subventionen bei Hosts wie STN und FIZ Technik die Mentalität und Arbeitsweise dieser Einrichtungen beeinflußt. Erstaunlicherweise zeigten diese beiden Hosts allerdings weitaus größere Kooperationsbereitschaft als bspw. der nicht subventionierte Host GENIOS. Daß sich die Zusammenarbeit auszahlte, stellt man bei FIZ Technik am Ende des Modellversuchs fest. Es wurde angegeben, daß durch MIKUM viele mittelständische Kunden gewonnen werden konnten.[384] Man fragt sich allerdings, ob diese dauerhaft gehalten werden können oder nach Ablauf von MIKUM ihre Verträge kündigen.

Generell kann festgehalten werden, daß viele Hosts nach wie vor den Fehler begehen, mit „Information auf Knopfdruck" zu werben und so überhöhte Erwartungen bei den Anwendern hervorrufen. Ebenso schlechte Erfahrungen konnten mit der Post gemacht werden, die bei der Beantragung von Datex-P-Anschlüssen mit umständlichen, unübersichtlichen Formularen arbeitet und darüber hinaus lange Bearbeitungszeiten braucht.

2.4.2 Erfahrungen mit KMU

Die Beratung der KMU war insbesondere bei MIKUM B-Teilnehmern sehr intensiv. Neben der Einzelberatung der beteiligten Unternehmen wurden auf regionaler Ebene Arbeitsgruppen eingerichtet, die zur Diskussion von Lösungsmöglichkeiten dienten. Nach Beendigung des Modellversuchs wird dieser Erfahrungsaustausch über eine Mailbox fortgesetzt, die verschiedene Sparten wie Tips&Tricks, Schulung, Förderprogramme, Informationsvermittlungsstellen enthält und wiederum eine Vermarktungsmöglichkeit für Datenbankanbieter darstellt. Anfänglich waren viele Unternehmen angesichts der anfallenden Kosten negativ gegenüber Datenbanken eingestellt. Es zeigte sich jedoch, daß mit zunehmender Kenntnis von Möglichkeiten und Vorteilen der Datenbanknutzung die Kostenaspekte immer mehr in den Hintergrund traten. Die Qualität spielte im Laufe der Zeit eine stärkere Rolle als der Preis, so daß nicht die günstigsten Anbieter (bspw. öffentliche Informationsvermittler wie Universitäten, Industrie- und Handelskammern) präferiert wurden, sondern diejenigen,

---

[384] nach Auskunft von Herrn Norbert Einsporn, FIZ Technik.

die die nützlichsten Informationen beschaffen konnten. Am besten waren die KMU über die Demonstration online-abfragbarer Einkaufsführer, die bereits seit langer Zeit als Printmedien genutzt werden, oder Patentinformationen für die Datenbanknutzung zu gewinnen. Es fiel darüber hinaus auf, daß sich die Unternehmen anfangs häufig nicht über ihren Informationsbedarf im klaren waren und Informationen unsystematisch beschafft werden. Entscheidungen werden schon dann gefällt, wenn lediglich 50 % der notwendigen Informationen im Unternehmen vorhanden sind. Je mehr die Unternehmer die Möglichkeiten der Datenbanknutzung wahrnehmen, desto größer wird auch ihr Informationsbedarf.

2.4.3 Hauptsächlich genutztes Datenbankangebot

Ein eindeutiger Rechercheschwerpunkt liegt im Bereich F&E/Technik-Informationen. MIKUM A-Teilnehmer fragten 79,5 % und MIKUM B-Teilnehmer sogar 86,1 % aller Informationen in diesem Bereich nach, die übrigen Recherchen wurden im Bereich Wirtschaft getätigt. Diese hohen Zahlen sind im Zusammenhang damit zu betrachten, daß alle beteiligten KMU Forschung und Entwicklung betreiben. Aus diesem Grunde dominiert der Unternehmensbereich F&E/Konstruktion auch als Nachfrager. Der zweitwichtigste Bereich, für den Recherchen durchgeführt wurden, war der Verkauf. Mit deutlichem Abstand folgen Fertigung, Kundendienst/Einkauf und Montage/Werkstatt. Diese Nachfragestruktur deutet darauf hin, daß insbesondere wissenschaftlich-technische Informationen für die beteiligten KMU von Interesse waren. Die hauptsächlich genutzten Hosts waren in allen Unternehmensbereichen und bei beiden Teilnehmergruppen FIZ-Technik, STN und DataStar. Darüber hinaus wurden Dialog, Questel, GBI, GENIOS, Kompass, Echo, Creditreform und außerdem CD-ROMs verwendet. Eindeutige Überlegenheit besitzen FIZ-Technik und STN vor allem für den F&E-Bereich. Bei über 19 % der Forschungsinformationen wird von den MIKUM A-Teilnehmern STN herangezogen, mehr als 20 % der Recherchen im F&E-Bereich tätigen die MIKUM B-Teilnehmer bei FIZ-Technik. Die insgesamt am meisten genutzte Datenbank für MIKUM A-Teilnehmer war PATDPA bei STN, die Patentdatenbank des Deutschen Patentamtes. Am zweithäufigsten wurde die ebenfalls bei STN verfügbare Datenbank WPI, der World Patent Index von Derwent, abgefragt. An dritter Stelle stand die Datenbank DOMA bei FIZ Technik, die bibliographische Hinweise (mit Abstracts) auf die deutsche und internationale Fachliteratur des Maschinen- und Anlagenbaus enthält. MIKUM B-Teilnehmer hingegen recherchierten am häufigsten in der „Wer liefert Was?"-Datenbank bei FIZ Technik. An zweiter Stelle lag

DOMA, gefolgt von der „ABC der deutschen Wirtschaft"-Datenbank. Das Recherche-verhalten der Selbstnutzer deutet darauf hin, daß mit den bereits bekannten Einkaufsführern experimentiert wurde, um sich mit der Datenbanknutzung vertraut zu machen.

2.4.4 Beurteilung des Nutzens der Datenbankrecherchen

Mit den Rechercheergebnissen, die über Datenbanken gewonnen werden konnten, zeigte sich die überwiegende Mehrheit der KMU äußert zufrieden. Mehr als die Hälfte aller Teil-nehmer bezeichnete den unternehmerischen Nutzen der erhaltenen Informationen als „sehr gut" oder „gut". Als wichtigste Vorteile der Datenbanknutzung gaben die KMU mit Kostenersparnis in Verbindung stehende Aspekte an:

- Die Informationen sind schneller verfügbar, so daß eine erhebliche Zeitersparnis bei der Informationsbeschaffung registriert wurde.
- Die Informationen lassen sich vom Betrieb aus abrufen, wodurch Reisekosten wegfallen.
- Die Informationen aus den weltweit verfügbaren Datenbanken schaffen eine bessere Ent-scheidungsgrundlage und verringern die Gefahr von Fehlentscheidungen.

Darüber hinaus wurden die teilnehmenden KMU gebeten, den wirtschaftlichen Nutzen der Datenbankrecherchen einzuschätzen. Eine genaue Bezifferung des Nutzens ist - wie bereits angemerkt - mit einigen Problemen behaftet. Sie wurde jedoch im vorliegenden Fall als sinnvoll erachtet, um Größenordnungen deutlich zu machen. 75 % der Unternehmen gaben an, einen wirtschaftlichen Nutzen aus den Rechercheergebnissen zu ziehen, der sich insge-samt auf 14,16 Mio. DM belief.[385] Die durchschnittlichen Kosteneinsparungen für den Zeit-raum von 1 Jahr wurden auf ca. 11.000,- DM geschätzt und lagen bei den Selbstnutzern (MIKUM B-Teilnehmer) deutlich höher als bei Auftragsrecherchen (MIKUM A-Teilneh-mer).

Aufgrund der Zufriedenheit mit den erzielten Ergebnissen haben sich 81 % der Teilnehmer bereits dazu entschlossen, auch ohne Förderung ihre Fachinformationsstelle beizubehalten. Lediglich 1 % der Teilnehmer wird zukünftig keine Datenbanken mehr nachfragen, der Rest der Teilnehmer war zum Befragungszeitpunkt noch unentschlossen. Insgesamt 2,6 Mio. DM planen die teilnehmenden KMU für die Nutzung von Datenbanken im Jahr 1995 ein.

---

[385] vgl. zu den folgenden Ausführungen Institut der deutschen Wirtschaft: Bedeutung und Nutzung elektronischer Fachinformationen in innovativen Unternehmensbereichen der Wirtschaft - Symposium des Instituts der deutschen Wirtschaft Köln, Frankfurt/Main, 17.05.1995.

2.4.5 Probleme der KMU bei der Datenbankeinführung

Die größten Schwierigkeiten wurden bei der Akzeptanz dieser neuen Art der Informationsbeschaffung festgestellt. Insbesondere die organisatorischen und personellen Konsequenzen, die mit dem Datenbankeinsatz einhergingen, waren für die ablehnende Haltung der Mitarbeiter verantwortlich. Widerstände traten vor allem dann auf, wenn Mitarbeiter Machteinbußen befürchteten oder keine Bereitschaft bestand, das eigene Wissen anderen zugänglich zu machen. Das Gewicht dieser Probleme war jedoch in den einzelnen KMU unterschiedlich. Wenn bspw. von Anfang an die Mitarbeiter in die Planung miteinbezogen wurden und die Initiative von der Geschäftsführung ausging, konnten Akzeptanzschwierigkeiten erfolgreich bewältigt werden. Darüber hinaus waren auch die bereits unter C.II.5 angesprochenen Problembereiche von Bedeutung. Die Kosten der Datenbanknutzung wirkten lediglich in der Anfangsphase abschreckend, da sich die Teilnehmer über die vielfältigen Potentiale noch nicht bewußt waren. Mit der Zeit zeigte sich jedoch eindeutig die Bereitschaft der Unternehmen, für wirklich nützliche Informationen auch hohe Preise zu zahlen. Die Qualität der Informationen spielte dann die wichtigere Rolle. In diesem Zusammenhang wurde bei den Datenbankinhalten bemängelt, daß regionale Daten kaum verfügbar seien. Darüber hinaus wurden Probleme mit den unterschiedlichen Retrievalsprachen laut, die jedoch - wie bereits mehrfach betont wurde - eher zu den vorgeschobenen Ablehnungsgründen gerechnet werden können (vgl. zu den Problembereichen auch C.II.5). Die Leiter des Modellversuchs machten bei ihren Beratungsgesprächen immer wieder die Erfahrung, daß die Ursache vieler Schwierigkeiten in mangelnder Akzeptanz der Datenbanken liegt. Es ist davon auszugehen, daß dieses Problem für die Gesamtheit der mittelständischen Unternehmen in verstärktem Maße zutrifft. Bei den Teilnehmern am Modellversuch MIKUM handelte es sich zwar um datenbankunerfahrene Unternehmen, jedoch hat bei ihnen wenigstens das Interesse an den Potentialen dieser Informationsquelle bestanden, das sie schließlich dazu bewegte, einen Teilnahmeantrag zu stellen. Bei der Mehrheit der Unternehmen, die diesem Medium gegenüber in keinster Weise aufgeschlossen sind, dürften sich Einführungsversuche erheblich schwieriger gestalten.

3. Fazit

Von staatlicher Seite wird der Informationsversorgung ein hoher Stellenwert für die Sicherung und Verbesserung der deutschen Wettbewerbsfähigkeit beigemessen. Da sich Fachinformationen durch einige Besonderheiten auszeichnen und im wesentlichen als meritorische Güter einzustufen sind, werden Staatseingriffe in einem begrenzten Umfang für notwendig erachtet. Die Maßnahmen zur Förderung der Informationsversorgung wurden im Rahmen der Fachinformationsprogramme der Bundesregierung festgehalten und betreffen ausschließlich den Bereich wissenschaftlich-technischer Information. Ein eindeutiger Förderschwerpunkt lag in der Vergangenheit auf der Angebotsseite. Die direkte Subventionierung der Informationsanbieter hat jedoch einige negative Konsequenzen. Zum einen tendieren die geförderten Einrichtungen zu einer ineffizienten Arbeitsweise bei gleichzeitiger Vernachlässigung von Marketingaktivitäten und erreichen einen niedrigen Kostendeckungsgrad (durchschnittlich 40,5 % im Jahr 1990).[386] Zum anderen wird die Durchsetzung von Marktpreisen auf dem Datenbankmarkt behindert, weil bspw. öffentliche Informationsvermittlungsstellen ihre Leistungen zu günstig anbieten. Dadurch wird das im allgemeinen noch mangelhafte Informationsbewußtsein und die geringe Zahlungsbereitschaft der Unternehmen verstärkt. Es werden vermehrt Forderungen laut, die angebotsorientierte Förderpolitik durch eine nachfrageorientierte abzulösen.[387] Von der Deutschen Gesellschaft für Dokumentation e.V. (DGD) wird angeregt, weniger auf die Quantität des Angebots als auf die Qualität zu achten. In diesem Zusammenhang sollten Überlegungen über Zertifizierungen angestellt werden, um Qualitätsunsicherheiten zu reduzieren. Darüber hinaus ist die stärkere Qualifizierung der Nutzer erforderlich. Wenn diese in der Lage sind, sich ein möglichst genaues Bild von dem vorhandenen Angebot zu schaffen und zwischen den verschiedenen Anbietern das jeweils beste Angebot auszusuchen, würde der Wettbewerb zwischen den einzelnen Anbietern intensiviert und die Effizienz gesteigert.

Die vor einigen Jahren begonnene Einbeziehung der Nutzungsförderung bei KMU ist in diesem Sinne positiv zu beurteilen. Der Modellversuch MIKUM konnte wichtige Impulse geben und die teilnehmenden KMU an die Datenbanknutzung heranführen. Es zeigte sich jedoch, daß die Nachfrage größer ist und ein Großteil der Interessenten nicht in das Projekt einbezogen werden konnte. Darüber hinaus darf nicht vergessen werden, daß eine Vielzahl mittelständischer Unternehmen gar nicht an eine Datenbanknutzung denkt. Diese Gruppe für die Datenbanknutzung zu gewinnen, dürfte erheblich schwieriger sein. Für den Staat

---

[386] vgl. BMFT (Hrsg.): Fachinformationsprogramm der Bundesregierung 1990-1994..., S. 74.
[387] vgl. bspw. o.V.: Stellungnahme der Deutschen Gesellschaft für Dokumentation e.V. - DGD - zur künftigen Fachinformationspolitik der Bundesregierung, in: Password 9/94, S. 5.

gestaltet sich eine angemessene Förderung der Nachfrage schwierig, da - insbesondere im Mittelstand - sehr heterogene Anwender zu berücksichtigen sind.

II. Europa

Die Entwicklung des europäischen Informationsmarktes ist bereits seit den 70er Jahren ein bedeutendes Anliegen der EU.[388] Programme wie ESPRIT und RACE hatten zum Ziel, die technologische Grundlage der europäischen Industrie für Informations- und Kommunikationstechnologie zu stärken. Für alle Maßnahmen der EU gilt der Grundsatz der Komplementarität, d.h. sie sollen durch Maßnahmen auf der Ebene der Mitgliedsländer ergänzt werden. Im Rahmen der Verwirklichung des Europäischen Binnenmarktes beabsichtigt die EU nun die Schaffung eines Marktes für Informationsdienste, der zum Erhalt der Wettbewerbsfähigkeit europäischer Unternehmen beitragen soll.[389] Im Vordergrund steht der Abbau von technischen, rechtlichen und sprachlichen Hemmnissen, die diesem Ziel entgegenstehen. Um den Ausbau des Informationsmarktes voranzutreiben, wurde 1988 das **IMPACT** (Informations Market Policy Actions)-Programm beschlossen, das der Unterstützung professioneller Betreiber und Nutzer von Informationsdiensten dienen soll. Im Gegensatz zu den früheren Programmen, die den Schwerpunkt auf technologische Aspekte legten, kann das IMPACT-Programm als marktgesteuert bezeichnet werden.[390] Der Aktionsplan für die erste Phase des Programms, IMPACT I, umfaßte den Zeitraum 1989-1990. Die in dieser Zeit gewonnenen Erfahrungen und Analysen der sich ändernden Marktbedingungen führten zur Formulierung des Folgeprogramms IMPACT II, das von 1991 bis Ende 1995 laufen soll. Das Hauptziel, der Aufbau eines europäischen Binnenmarktes für Informationsdienste, soll zum einen über die Stärkung der Wettbewerbsfähigkeit der europäischen Anbieter und zum anderen über die Nutzungsförderung erreicht werden. Die Anwendung der Informationsdienste soll durch die Sensibilisierung der verschiedenen Nachfragergruppen und die Veranstaltung von Ausbildungsseminaren intensiviert werden. Darüber hinaus wird die Notwendigkeit einer einheitlichen europäischen Politik für Fachinformationsbelange unter besonderer Berücksichtigung der KMU und strukturschwachen Regionen betont. Das Erreichen des Ziels soll durch Nutzung der Ergebnisse anderer nationaler und gemeinschaftlicher Initiativen beschleunigt werden. Der strategische Schwerpunkt des Programms ist die Verbesserung des europaweiten Zugangs zur Information. Für KMU sind insbesondere zwei Maßnahmen bedeutsam: die über den Host ECHO angebotenen

---

[388] vgl. **Kommission der Europäischen Gemeinschaften**: a.a.O., S. 9.
[389] vgl. zu den folgenden Ausführungen Broschüre der Europäischen Kommission: IMPACT
[390] vgl. **Kommission der Europäischen Gemeinschaften**: a.a.O., S. 9.

107

Datenbanken, die größtenteils kostenlos sind, und die Unterstützung beim Umgang mit Informationssystemen durch die nationalen Sensibilisierungspartner. Das *Netz nationaler Sensibilisierungspartner* wurde eingerichtet, um den Nutzern - dezentral über Einrichtungen in den Mitgliedsländern - Vorteile von Online-Informationen aufzuzeigen. Dahinter steht der Gedanke, daß die ausgewählten Einrichtungen den regionalen Bedürfnissen besser gerecht werden können und die Kommunikation in der Sprache der Benutzer erfolgt. Als nationale Sensibilisierungspartner wurden Einrichtungen beauftragt, die bereits in ihrem eigenen Land elektronische Information fördern. Für Deutschland fungiert das Institut der deutschen Wirtschaft als Partner. Die im Rahmen des IMPACT-Programms angebotenen Leistungen beziehen sich vor allem auf Seminare und die Bereitstellung von Informationsmaterial.

Darüber hinaus werden über den seit 1980 bestehenden nicht-kommerziellen Host *ECHO* etwa 20 Datenbanken und andere Dienste angeboten.[391] Sie dienen in erster Linie dazu, unerfahrene Benutzer im Umgang mit Datenbanken zu unterstützen und sie längerfristig den kommerziellen Anbietern zuzuführen, so daß dadurch die Entwicklung der europäischen Informationsindustrie gefördert wird. 1993 gab es etwa 13.000 Benutzer, von denen rund 50 % erstmalig Datenbanken als Informationsmittel ausprobierten.[392] Diesen Anwendern werden Datenbanken, die die Funktion der Benutzerunterstützung haben, angeboten. Sie sind größtenteils in mehreren Sprachen, teilweise sogar in allen Amtssprachen der EU, verfügbar, um Sprachbarrieren zu überwinden.[393] Eine wichtige Rolle spielt dabei der IM´ Guide, ein Verzeichnis von über 8.000 in Europa verfügbaren Datenbanken und Informationsdiensten.[394] Dieses Verzeichnis hilft zum einen den Benutzern, einen Überblick über das vorhandene Datenbankangebot zu gewinnen und die für ihre Zwecke geeigneten Datenbanken ausfindig zu machen, zum anderen dient es den Anbietern als Werbeträger. Darüber hinaus werden im Bereich Benutzerunterstützung eine Trainingsdatenbank für die Erlernung der Befehlssprache und die Online-Versionen der Kommissionspublikationen angeboten. Zusätzlich gibt es eine Datenbank, die sämtliche Informationen über das IMPACT-Programm enthält. Weitere Schwerpunkte der ECHO-Datenbanken betreffen Forschung&Entwicklung, Sprachindustrie und Wirtschaft/Industrie. Von besonderem Interesse für KMU könnten neben dem IM´ Guide vor allem die Datenbanken CORDIS und TED sein. CORDIS gibt Auskunft über sämtliche Tätigkeiten der Gemeinschaft im Bereich Forschung und technologische Entwicklung und die daraus hervorgehenden Ergebnisse.

[391] vgl. zu den folgenden Ausführungen Europäische Kommission: ECHO..., S. 7-11.
[392] vgl. Europäische Kommission: ECHO..., S. 2.
[393] vgl. Müller, Patrick: Internationale Informationsdienste: Technische und sprachliche Herausforderungen, in: Neubauer, Wolfram / Meier, Karl-Heinz (Hrsg.): Deutscher Dokumentartag 1991, Frankfurt am Main 1992, S. 426-428.
[394] vgl. Kommission der Europäischen Gemeinschaften: a.a.O., S. 13.

TED (Tenders Electronic Daily) ist die Online-Version des Supplements zum Amtsblatt der EG und enthält Ausschreibungen öffentlicher Aufträge aus über 80 Ländern, die bereits vor dem Erscheinen des Amtsblatt zugänglich sind. Abgesehen davon kann die Nutzung der ECHO-Angebote als Chance gesehen werden, den Umgang mit Datenbanken zu üben. Da die Mehrheit der Datenbanken kostenlos zur Verfügung steht, können ohne Rücksicht auf Anschaltzeiten Erfahrungen mit den unterschiedlichen Anwendungsmöglichkeiten gemacht werden.

F. Schlußbemerkung und Ausblick

Die Arbeit hat gezeigt, daß der deutsche Datenbankmarkt als Wachstumsmarkt angesehen werden kann. Das Datenbankangebot ist vielfältig und in einigen Bereichen nahezu vollständig. Dennoch ist die Nachfrage nach Datenbanken besonders im Vergleich zu den USA bisher relativ zurückhaltend. Das Zusammenspiel zwischen Angebot und Nachfrage funktioniert nur partiell. Vor allem mittelständische Nachfrager machen kaum vom vorhandenen Datenbankangebot Gebrauch. Zum einen haben sie die mit der wachsenden internationalen Verflechtung und dem zunehmenden Konkurrenzdruck steigende Bedeutung der Information für die Realisierung von Wettbewerbsvorteilen noch nicht genügend erkannt. Zum anderen werden Informationsprobleme hauptsächlich durch persönliche Kommunikation und andere traditionelle Informationsquellen gelöst, die meist als ausreichend empfunden werden. Die Möglichkeiten, die Datenbanken als Informationsquelle bieten, sind noch weitgehend unbekannt. Ob Datenbanken geeignet sind, den Informationsbedarf der KMU zu decken, kann nicht eindeutig geklärt werden. Ein typischer Informationsbedarf des mittelständischen Unternehmens existiert nicht, da KMU eine sehr heterogene Nachfragergruppe darstellen. Für Unternehmen mit intensiver F&E-Tätigkeit oder starkem Auslandsengagement ist der Einstieg in die strategische Datenbanknutzung sinnvoll. In anderen Unternehmen muß geprüft werden, ob die Einschaltung eines Informationsbrokers zur Deckung eines fallweise auftretenden Informationsbedarfs die günstigere Lösung darstellt. Bisher scheitert die Erschließung der mittelständischen Nachfrager an zahlreichen Hindernissen, die sowohl bei den Nachfragern selbst als auch bei angebotsseitigen Mängeln zu suchen sind. Mittelständische Nutzer haben bei der Einführung von Datenbanken mit erheblichem Widerstand der Mitarbeiter sowie technisch-organisatorischen Problemen zu kämpfen. Hinzu kommt, daß mangelndes Informationswertbewußtsein und geringe Zahlungsbereitschaft oft der Datenbanknutzung entgegenstehen. Darüber hinaus tragen

Defizite im vorhandenen Datenbankangebot zur geringen Nutzerakzeptanz bei. Die Unübersichtlichkeit des Angebots, uneinheitliche Retrievalsprachen und schlechte inhaltliche Qualität machen den potentiellen Anwendern den Entschluß zur Datenbanknutzung schwer. Viele Hosts weisen nach wie vor erhebliche Lücken im Marketingbereich auf. Teilweise wird durch die Werbung, das „Wissen der Welt auf Knopfdruck" zu erlangen, eine überhöhte Erwartungshaltung erzeugt. Dennoch zeichnen sich bereits jetzt starke Verbesserungen in der Benutzerfreundlichkeit des Datenbankangebots ab. Beispielhaft sei das neue Retrievalkonzept ProBase von FIZ Technik und Knight-Ridder-Information genannt.[395] Es basiert auf Microsoft Windows und ermöglicht das einheitliche Recherchieren in sämtlichen Datenbanken der beiden Anbieter. Die neue Benutzeroberfläche macht Datenbankstrukturen transparent, indem die Datenbankangebote nach Nutzerzielgruppen vorstrukturiert werden. Auch die Kenntnis spezieller Suchsprachen wird überflüssig. Zudem ist in ProBase eine Kostenvorschau und Kostenkontrolle für die einzelne Recherche und für alle durchgeführten Abfragen integriert. Da die Suchschritte, Limitierungen und Verknüpfungen mit Hilfe von Auswahllisten schon offline definiert werden können, kann eine sorgfältige Vorbereitung der Datenbankrecherche ohne Zeitdruck erfolgen.

Darüber hinaus kann erwartet werden, daß in Zukunft der Zugang zu Online-Datenbanken einfacher sein wird, da die Anbieter ihre Datenbanken verstärkt über den Online-Dienst Datex-J verfügbar machen. Auf diese Weise können insbesondere KMU als gelegentliche Nutzer, denen der bisherige Zugang über Datex-P zu kompliziert und zu teuer war, Online-Datenbanken abfragen. GENIOS hat dieses Potential bereits erkannt und ist derzeit mit 56 Datenbanken der größte Anbieter in Datex-J[396], GBI bietet ca. 25 Datenbanken auf diesem Wege an.

Diese Entwicklungen deuten darauf hin, daß sich auf der Angebotsseite die Zugangsbarrieren verringern werden. Es sind jedoch gleichzeitig Änderungen im Nutzerverhalten notwendig, um Datenbankangebot und -nachfrage ins Gleichgewicht zu bringen. Gut aufeinander abgestimmte Förderprogramme zur Nutzungsförderung durch Maßnahmen der Bundesregierung und EU können in erster Linie dazu beitragen, die Möglichkeiten der Datenbanknutzung bekanntzumachen. Die Entscheidung über den Datenbankeinsatz ist jedoch letztendlich von der Einschätzung des Unternehmers abhängig. Das Urteil, Datenbanken seien für die Geschäftstätigkeit eines KMU nicht geeignet, sollte erst nach der sorg-

---

[395] vgl. o.V.: FIZ Technik ProBase - Die neue Generation des Recherchierens, in: FIZ Technik Nachrichten 95/1, Mai 1995, S. 1-5 und o.V.: Datenrecherche erleichtert, in: Handelsblatt Nr. 95 vom 17.05.1995, S. B4.
[396] vgl. o.V: Richtige Recherche, in: Telekom (Hrsg.): Datex-J für Einsteiger - Die Kommunikationsplattform für jedermann, Sonderauflage 1995, Vogel-Verlag, Würzburg 1995, S. 68-69.

fältigen Prüfung möglicher Vorteile und bisher unentdeckter Potentiale gefällt werden. Dabei müssen sämtliche Alternativen eines Datenbankeinsatzes als sinnvolle Ergänzung zu den bisher genutzten traditionellen Informationsquellen in Erwägung gezogen werden. In Abhängigkeit von der spezifischen Unternehmenssituation und dem individuellen Informationsbedarf kann entweder die eigenständige, strategische Nutzung von Online-Datenbanken und CD-ROMs oder die fallweise Beauftragung eines Informationsbrokers zum Einstieg in die Datenbanknutzung geeigneter sein. Es ist anzunehmen, daß die Nutzung von Datenbanken sich ebenso wie der Einsatz von PCs längerfristig in der gesamten Wirtschaft (und auch bei privaten Haushalten) durchsetzen wird. Unternehmen, die diese Entwicklung nicht rechtzeitig antizipieren, müssen in Zukunft möglicherweise mit schwerwiegenden Wettbewerbsnachteilen rechnen.

LITERATURVERZEICHNIS

Albach, Horst: Innovationsstrategien zur Verbesserung der Wettbewerbsfähigkeit, in: Zeitschrift für Betriebswirtschaft, Heft 12/1989, S. 1338-1351.

Becker, Jörg/Bickel, Susanne: Datenbanken und Macht, Opladen 1992.

Bhattacharjee, Edda: Glänzende Scheibe mit glänzender Zukunft, in: Cogito 2/94, S. 5-7.

BMFT (Hrsg.): Fachinformationsprogramm 1985-1988 der Bundesregierung, Bonn 1985.

BMFT (Hrsg.): Fachinformationsprogramm der Bundesregierung mit Zwischenbilanz 1986, Bonn 1986.

BMFT (Hrsg.): Fachinformationsprogramm der Bundesregierung 1990-1994, Bonn 1990.

BMFT: Forschungs- und Technologiepolitisches Gesamtkonzept der Bundesregierung für kleine und mittlere Unternehmen 1989, 3. erweiterte Auflage, Bonn 1991.

BMWI: Informationstechnik in Deutschland, BMWI-Dokumentation Nr. 310, Bonn 1990.

BMWI: Neue Wege der Informationsbeschaffung - über Möglichkeiten, mit Hilfe von Datenbanken Informationen zu finden, Bonn 1988.

BMWI (Hrsg.): Unternehmensgrößenstatistik, Bonn 1993.

Bredemeier, Willi: Presseinformation zur INFOBASE anläßlich der Pressekonferenz am 12.05.1995, Frankfurt.

Brenner, Walter: Grundzüge des Informationsmanagements, Heidelberg 1994.

Brüne, Gerd: Beschaffung Neuer Technologien - Entscheidereinstellungen und Marktstrukturen, in: Kleinaltenkamp, Michael/Schubert, Klaus (Hrsg.): Entscheidungsverhalten bei der Beschaffung Neuer Technologien, Berlin 1990, S. 109-125.

Bucher, Rainer: Einigermaßen undurchschaubar, in: Cogito 4/93, S. 5-7.

Claasen, Walter/Ehrmann, Dieter/Müller, Wolfgang/Venker, Karl: Fachwissen Datenbanken: Die Information als Produktionsfaktor, Essen 1986.

Czermak, Michael: Perspektiven zum Fachinformationsprogramm der Bundesregierung 1990-1994, in: Cogito 2/91, S. 2-4.

Daschmann, Hans-Achim: Erfolgsfaktoren mittelständischer Unternehmen, Stuttgart 1994.

Deutsche Bundespost Telekom (Hrsg.): Das Telekom-Buch 1992, Bonn 1992.

Dichtl, Erwin/Issing, Otmar (Hrsg.): Vahlens großes Wirtschaftslexikon, München 1993.

Doré, Dominique M.: Databases for small business?, in: 8th International Online Information Meeting, London 4-6 December 1984, Oxford 1984, S. 59-64.

Eggert, Axel: Information und Innovation im industriellen Mittelstand: eine theoriegeleitete empirische Untersuchung, Frankfurt am Main 1992

Ernst, Matthias/Köberlein, Christian: Bedarf und Unsicherheit, in: Cogito 1/94, S. 6-10.

Europäische Kommission: ECHO - Datenbasen und Dienste, Luxemburg 1994.

EUTELIS CONSULT (Hrsg.): Der Markt für Mehrwertdienste in Frankreich und Deutschland, Ratingen 1992.

von Falkenhausen, Hasso: Informationen aus Datenbanken: Rohstoff für die Zukunftssicherung, in: technologie&management 2/88, S. 12-21.

Finke, Renate: Die Auswertung technisch-wissenschaftlicher Informationen bei Unternehmensentscheidungen in mittelständischen Betrieben der Verbrauchsgüterindustrie, Opladen 1980.

FIZ Karlsruhe/STN Service-Zentrum Europa (Hrsg.): 10 Jahre STN International - Datenbanken aus Wissenschaft und Technik, Karlsruhe 1994.

FIZ Technik e.V.: Online-Service, Datenbanken Januar 1995, Frankfurt 1995.

FIZ Technik e.V.: Verbesserung des Datenbankangebots für kleine und mittlere Unternehmen - Marketing- und Produktempfehlung, Frankfurt 1992.

Franke, Joachim/Braune, Paul/Herr, Dieter/Kühlmann, Torsten M.: Technologietransfer und Mittelstand - Eine empirische Untersuchung zur Beratungslücke, in: Schmalenbachs Zeitschrift für betriebswirtschaftliche Forschung 6/87, S. 479-488.

Freund, Werner/Stefan, Ute: EG-Binnenmarkt - Information als Wettbewerbsfaktor für den Mittelstand, Stuttgart 1991.

Fuchs, Hans-Joachim: Orientierungshilfen im Wettlauf, in: highTech, Mai 1991, S. 70-72.

Gabler-Wirtschafts-Lexikon, 13. Auflage, Wiesbaden 1993.

GENIOS-Assistent für Windows - Das Genios-Datenbanklexikon, Ausgabe 2. Halbjahr 1994 (auf Diskette).

Gertz, Winfried: Durch Multimediatechnik wird das Recherchieren interessanter, in: Handelsblatt Nr. 95 vom 17.05.1995, S. B 2.

Gesellschaft für betriebliche Information mbH: Aufbau einer markt- und anwenderorientierten Datenbank für neue Produkte, Märkte und Verfahren mit Möglichkeiten des wechselseitigen Technologietransfers für kleine und mittlere Unternehmen, Durchführbarkeitsstudie, Ergebnisbericht vom 15. Juli 1990, München 1990.

Gesellschaft für betriebliche Information mbH: GBI - die Datenbanken für Presse, Wirtschaft, Management, München 1994.

Göbel, Ruth/Müller-Bader, Peter: Wirtschaftsinformationen, in: Cogito 2/94, S. 8-12.

Gokl, Reinhard: Externe Wirtschaftsdatenbanken im betrieblichen Informationsprozeß, Düsseldorf 1992.

Görke, Winfried/Rininsland, Hermann/Syrbe, Max: Information als Produktionsfaktor, Heidelberg 1992.

Hamer, Eberhard: Mittelständische Unternehmen: Gründung, Führung, Chancen, Risiken, Landsberg/Lech 1990.

Hannig, Uwe: Wettbewerbsvorteile, in: Cogito 5/91, S. 35-41.

Hansen, Hans-Robert: Wirtschaftsinformatik I, 4. Auflage, Stuttgart 1983.

Heinzl, Armin: Die Ausgliederung der betrieblichen Datenverarbeitung, Stuttgart 1991.

Herget, Josef/Hensler, Siegfried: Erfolgsfaktoren in der Informationsvermittlung Teil 7: Ergebnisse einer schriftlichen Befragung von direkten Online-Datenbanknutzern, Konstanz 1994.

Hinderer, Michael: Die mittelständische Unternehmung, München 1984.

Hügel, Reinhold: Der internationale Markt für Online-Datenbanken, Frankfurt am Main 1990.

Institut der deutschen Wirtschaft: Bedeutung und Nutzung elektronischer Fachinformationen in innovativen Unternehmensbereichen der Wirtschaft - Symposium des Instituts der deutschen Wirtschaft Köln, Frankfurt/Main, 17.05.1995.

Institut der deutschen Wirtschaft (Hrsg.): Produktionsfaktor Information - Datenbanknutzung für Klein- und Mittelbetriebe, Köln 1988.

van Kempen, Martin: Externe Informationsbeschaffung von Unternehmungen aus systemorientierter Sicht, St. Gallen 1991.

Keidel, Ute/Winkelmann, Jürgen: Standort Deutschland - Information als Wettbewerbsvorteil?, in: Cogito 5/94, S. 28-32.

Kind, Joachim: Online-Dienste, in: Buder, Marianne/Rehfeld, Werner/Seeger, Thomas: Grundlagen der praktischen Information und Dokumentation, Band 2, 3. Auflage, München 1990.

Klaes, Gerhard: Online oder CD-ROM, in: Cogito 1/90, S. 5-12.

Klems, Michael: Informations-Broking, Bonn 1994.

Knight-Ridder Information: Database Catalogue 1995, DataStar Knight-Ridder Information, Bern 1995.

Koch, Hartmut: Die Hemmschwelle ist noch recht groß, in: Handelsblatt Nr. 95 vom 17.05.1995, S. B 2.

Koch, Hartmut: Ein Markt im Aufbruch?, in: Cogito 6/92, S. 2-5.

Koch, Jürgen: Dünne silberne Scheiben ersetzen dicke Bücher, in: Handelsblatt Nr. 95 vom 17.05.1995, S. B 5.

Kommission der Europäischen Gemeinschaften: Einführung in elektronische Informationsdienste, Brüssel 1993.

Kroll, Hartmut: Informationsvermittlung in der Industrie - Grundzüge eines betrieblichen Fachinformationssystems, 3. Auflage, Köln 1990.

Langhoff, Martin/Koch, Hartmut: Jedermann sein eigener CD-ROM-Produzent, jedermann sein eigener Host, in: Password 7+8/94, S. 22-23.

Leonhard, Ulf: Externe Datenbanken - ein Mittel zur effizienten Informationsbeschaffung, in: office management 5/86, S. 494-499.

Meffert, Heribert: Marketing, 7. Auflage, Wiesbaden 1991.

Menssen, Ralf: Das CD-ROM-Buch, Heidelberg 1990.

Messe Frankfurt Service GmbH: Infobase - Internationale Fachmesse für Information - vom 16. bis 18. Mai 1995 in Frankfurt am Main: Input bestimmt die Qualität von Datenbanken.

Muchna, Claus: Datenbankdienste und Online-Recherchen: Neue Formen der Informationsbeschaffung in Unternehmen, Essen 1986.

Müller, Patrick: Internationale Informationsdienste: Technische und sprachliche Herausforderungen, in: Neubauer, Wolfram/Meier, Karl-Heinz (Hrsg.): Deutscher Dokumentartag 1991, Frankfurt am Main 1992, S. 425-435.

Müller, Patrick: Unternehmen rüsten sich für 1993, in: Cogito 4/90, S. 26-31.

Müller-Hagedorn, Lothar: Hemmnisse bei der Nutzung von Datenbanken, Arbeitspapier Nr. 12 im Fachbereich IV - Betriebswirtschaftslehre an der Universität Trier, Trier 1988.

Münch, Vera: Informationsbroker suchen im Auftrag anderer nach Daten, in: Handelsblatt Nr. 95 vom 17.05.1995, S. B3.

Münch, Vera: Patentinformationen, Technik- oder Finanzdaten schnell recherchiert, in: Handelsblatt Nr. 95 vom 17.05.1995, S. B 1.

Nink, Hermann: Informationsvermittlung: Aufgaben, Möglichkeiten und Probleme, Wiesbaden 1991.

o.V.: 1993: Electronic Services und Shareware im Kommen, in: Password 3/94, S. 6.

o.V.: Arbeitsmittel, kein Zauberkasten, in: Online 5/88, S. 44-46.

o.V.: Bestätigung der Kundschaft in den zentralen Bereichen „Seriosität", „Aktualität", „Zuverlässigkeit" - Aber Schwäche bei „Preisen" und „Recherche-Unterstützung", in: Password 9/94, S. 18-20.

o.V.: Datenrecherche erleichtert, in: Handelsblatt Nr. 95 vom 17.05.1995, S. B 4.

o.V.: Deutsche Anbieter an Milliarden-Grenze, in: Password 3/94, S. 8.

o.V.: Einfache Kostenkontrolle bei Online-Recherchen, in: FIZ Technik Nachrichten 95/1, Mai 1995, S. 15.

o.V.: Erfindern in die Akten geschaut, in: Handelsblatt Nr. 95 vom 17.05.1995, S. B 6.

o.V.: FIZ Technik ProBase - Die neue Generation des Recherchierens, in: FIZ Technik Nachrichten 95/1, Mai 1995, S. 1-5.

o.V.: Große Informationsbestände gezielt durchsuchen - Datenbanken ebnen den Weg zur Patentliteratur, in: VDI-Nachrichten, Heft 17, 27.04.1990, S. 34.

o.V.: Kundenumfrage: Bei wichtigen Kriterien eine gute Performance, in: Password 5/94, S. 4.

o.V.: Paket oder Leitung, in: Gateway November 1994, S. 77-79.

o.V.: Rat ohne Reue, in: absatzwirtschaft 8/94, S. 93.

o.V: Richtige Recherche, in: **Telekom (Hrsg.):** Datex-J für Einsteiger - Die Kommunikationsplattform für jedermann, Sonderauflage 1995, Vogel-Verlag, Würzburg 1995, S. 68-70.

o.V.: Stellungnahme der Deutschen Gesellschaft für Dokumentation e.V. - DGD - zur künftigen Fachinformationspolitik der Bundesregierung, in: Password 9/94, S. 5-7.

o.V.: Was die US-Online-Anbieter 1993 einnahmen, in: Password 9/94, S. 3.

o.V.: Zum Wohle des Kunden, in: iwd Nr. 22 vom 01. Juni 1995, S. 4-5.

o.V.: Zur Hälfte Bedienung der Wirtschaft, zur anderen Hälfte öffentliche Infrastruktur - Staatliche Nutzung gewinnt Marktanteile, in: Password 10/94, S. 19-21.

Otremba, Gertrud/Schwuchow, Werner: Elektronische Informationsdienste - Der deutsche Markt im Kontext Europas, Konstanz 1993.

Palme, Klaus: Zugriff auf Datenbanken, Köln 1988.

Peckedraht, P.: Informationsbeschaffung mit Hilfe von Datenbanken als Voraussetzung der Innovationstätigkeit, in: Corsten, H. (Hrsg.): Die Gestaltung von Innovationsprozessen, Berlin 1989, S. 103-141.

Phillip, Robert/Matthies, Bernd: Datenbankservices im Dialog: Die Entwicklung des Online-Marktes, Düsseldorf 1990.

Pieper, Ansgar: Rationelle Informationsbeschaffung - Datenbanknutzung in Klein- und Mittelbetrieben, Köln 1990.

Pieper, Antje: Produktivkraft Information, Köln 1986.

Pörzgen, Rainer/Schreiber, Martin: Die Informationsvermittlungsstelle, Planung - Errichtung - Betrieb, München 1993.

Sandmaier, Wolfgang: Informationsvorsprung mit Online-Datenbanken: Internationale Wissensressourcen für die Praxis, Frankfurt am Main 1990.

Schmidt, Helga: Jetzt geht's rund, in: Cogito 1/95, S. 37-42.

Schmidt, Ralph: Modelle der Informationsvermittlung: Analyse und Bewertung eines experimentellen Programms, Heidelberg 1992.

Schmidt, Ralph/Wellems, Christine: Der Modellversuch Informationsvermittlung - eine Bilanz, in: Nachrichten für Dokumentation 1/92, S. 3-10.

Schober, Franz: Informationsmanagement im Mittelstand - Probleme und Lösungsansätze, in: Bloech, Jürgen/Götze, Uwe/Huch, Burkhard/Lücke, Wolfgang/Rudolph, Friedhelm (Hrsg.): Strategische Planung - Instrumente, Vorgehensweisen und Informationssysteme, Heidelberg 1994, S. 317-338.

Schotters, Markus: Informationsmanagement für mittelständische Unternehmungen, Bergisch Gladbach 1992.

Schulte-Hillen, Jürgen/v. Wietersheim, Beatrix: IuD-online-Datenbanknutzung in der BRD, München 1984.

Schulze, Hans Herbert: Datenverarbeitung in KMU - Planung, Einführung und Einsatz von DV-Systemen, München 1983.

Schwarting, Uwe/Thoben, Christa/Wittstock, Matthias: Nachfrageverhalten kleiner und mittlerer Unternehmen nach Außenhandelsinformation und -beratung, Göttingen 1981.

Schwuchow, Werner: Einführung zum Tagungsthema: Informationsverhalten und Informationsmarkt, in: Schwuchow, Werner (Hrsg.): Informationsverhalten und Informationsmarkt, Internationale Fachkonferenz der Deutschen Gesellschaft für Dokumentation e.V. (DGD) vom 08.-10.05.1985 in Garmisch-Partenkirchen, Konferenzbericht, München 1986, S. 11-22.

Schwuchow, Werner: Informationsökonomie, in: Buder, Marianne/Rehfeld, Werner/Seeger, Thomas: Grundlagen der praktischen Information und Dokumentation, Band 2, München 1990.

Scientific Consulting Dr. Schulte-Hillen BDU: Der internationale Markt für elektronische Informationsdienste/Datenbanken 1986-1990, Band I und II, Köln 1991.

Scientific Consulting Dr. Schulte-Hillen BDU: Handbuch lieferbarer CD-ROMs 1994, Köln 1994.

Scientific Consulting Dr. Schulte-Hillen (Hrsg.): Informationsbeschaffung aus Datenbanken - Leitfaden zur Errichtung betriebsinterner Informationsvermittlungsstellen in kleinen und mittleren Unternehmen, Köln 1990.

Scientific Consulting Dr. Schulte-Hillen BDU: Betätigungsmöglichkeiten auf den Märkten für Telekommunikationsdienste in Deutschland, Köln 1992.

Seeger, Thomas: Informationspolitik - IuD-Politik - Fachinformationspolitik, in: Buder, Marianne/Rehfeld, Werner/Seeger, Thomas: Grundlagen der praktischen Information und Dokumentation, Band 2, 3. Auflage, München 1990.

Simon, Hermann: Management strategischer Wettbewerbvorteile, in: Zeitschrift für Betriebswirtschaft, Heft 4/1988, S. 461-479.

von Spiegel, Josephin: Information und Komponenten des Informationsbedarfs, Bonn 1991.

Stahlknecht, Peter: Einführung in die Wirtschaftsinformatik, 4. Auflage, Heidelberg 1989.

Staud, Josef L.: Online-Datenbanken - Aufbau, Struktur, Abfragen, Bonn 1991.

Staudt, Erich/Bock, Jürgen/Mühlemeyer, Peter: Informationsverhalten von innovationsaktiven kleinen und mittleren Unternehmen, in: Zeitschrift für Betriebswirtschaft, Sonderdruck, Nr. 9, September 1992, S. 989-1008.

Steding, Ines: Nutzung von Datenbanken, in: Mittelstands-Magazin 5/95, S. 20.

Stoetzer, Matthias-W.: Der Einsatz von Mehrwertdiensten in bundesdeutschen Unternehmen: Eine empirische Bestandsaufnahme, Bad Honnef 1993.

Stoetzer, Matthias-W.: Neue Telekommunikationsdienste: Stand und Perspektiven ihres Einsatzes in der deutschen Wirtschaft, in: IFO Schnelldienst 7/94, S. 8-19.

Stoetzer, Matthias-W./Volkgenannt, Maja: Elektronische Informationsdienste in Unternehmen: Das Beispiel der Online-Datenbanken, in: Nachrichten für Dokumentation 45/1994, S. 153-158.

Szyperski, Norbert: Informationsbedarf, in: Grochla, Erwin (Hrsg.): Handwörterbuch der Organisation, 2. völlig neu gestaltete Auflage, Stuttgart 1980, Sp. 904-913.

Szyperski, Norbert/Windler, Albrecht/Wolff, Matthias/Eckey, Klaus/Tüschen, Norbert: Die Informationsversorgung von kleinen und mittleren Unternehmen - Analysen und Konzeptionen, Köln 1985.

Telekom (Hrsg.): Datex-J für Einsteiger - Die Kommunikationsplattform für jedermann, Sonderauflage 1995, Vogel-Verlag, Würzburg 1995.

Ulbricht, Hans W.: Kleine Scheibe - große Zukunft, in: Cogito 1/90, S. 2-3.

Verlag Hoppenstedt GmbH: Für den direkten Weg zum Entscheider - Katalog 1994/1995 der Hoppenstedt Wirtschaftsdatenbank, Darmstadt 1994.

Verlag Hoppenstedt&Co.: Geschäftsbericht 1992, Darmstadt 1993.

Verlagsgruppe Bertelsmann International: Fachinformation, München 1993.

vom Kolke, Ernst-Gerd: Online-Datenbanken - Systematische Einführung in die Nutzung elektronischer Fachinformation, München 1994.

von Trott zu Solz, Clemens: Informationsmanagement im Rahmen eines ganzheitlichen Konzeptes der Unternehmensführung, Göttingen 1992.

Wallau, Siegfried: Akzeptanz betrieblicher Informationssyteme, Tübingen 1990.

Wendt, Manfred P.: Ein weiterer Schritt auf dem Weg zur Informationsgesellschaft, in: Chip Plus, Beilage in Chip, Nr. 7, Juli 1989, S. 11.

Wuppertaler Kreis e.V. (Hrsg.): Datenkommunikation im mittelständischen Betrieb, Köln 1990.

XVIII

INTERVIEWS:

Bertelsmann: Herrn Lipp, am 04.04.1995.

FIZ Technik: Herrn Dipl.-Journalist Norbert Einsporn, am 20.03.1995.

GBI: Frau Mailänder, am 08.06.1995.

Hoppenstedt: Frau Dr. Frese, am 03.04.1995.

Institut der deutschen Wirtschaft: Herrn Dipl.-Ing. Thomas Einsporn, am 27.01.1995.

Scientific Consulting: Herrn Dipl.-Ing. Hartmut Koch, am 02.12.1994 und 06.03.1995.

Diplom.de

Wissensquellen gewinnbringend nutzen

Qualität, Praxisrelevanz und Aktualität zeichnen unsere Studien aus. Wir bieten Ihnen im Auftrag unserer Autorinnen und Autoren Wirtschafts-studien und wissenschaftliche Abschlussarbeiten – Dissertationen, Diplomarbeiten, Magisterarbeiten, Staatsexamensarbeiten und Studien-arbeiten zum Kauf. Sie wurden an deutschen Universitäten, Fachhoch-schulen, Akademien oder vergleichbaren Institutionen der Europäischen Union geschrieben. Der Notendurchschnitt liegt bei 1,5.

Wettbewerbsvorteile verschaffen – Vergleichen Sie den Preis unserer Studien mit den Honoraren externer Berater. Um dieses Wissen selbst zusammenzutragen, müssten Sie viel Zeit und Geld aufbringen.

http://www.diplom.de bietet Ihnen unser vollständiges Lieferprogramm mit mehreren tausend Studien im Internet. Neben dem Online-Katalog und der Online-Suchmaschine für Ihre Recherche steht Ihnen auch eine Online-Bestellfunktion zur Verfügung. Inhaltliche Zusammenfassungen und Inhaltsverzeichnisse zu jeder Studie sind im Internet einsehbar.

Individueller Service – Gerne senden wir Ihnen auch unseren Papier-katalog zu. Bitte fordern Sie Ihr individuelles Exemplar bei uns an. Für Fragen, Anregungen und individuelle Anfragen stehen wir Ihnen gerne zur Verfügung. Wir freuen uns auf eine gute Zusammenarbeit.

Ihr Team der Diplomarbeiten Agentur

Diplomica GmbH ———————
Hermannstal 119k ———————
22119 Hamburg ———————

Fon: 040 / 655 99 20 ———————
Fax: 040 / 655 99 222 ———————

agentur@diplom.de ———————
www.diplom.de ———————